KB064427

# 태국

## 일시적 해외 거주를 넘어 공존의 디아스포라로

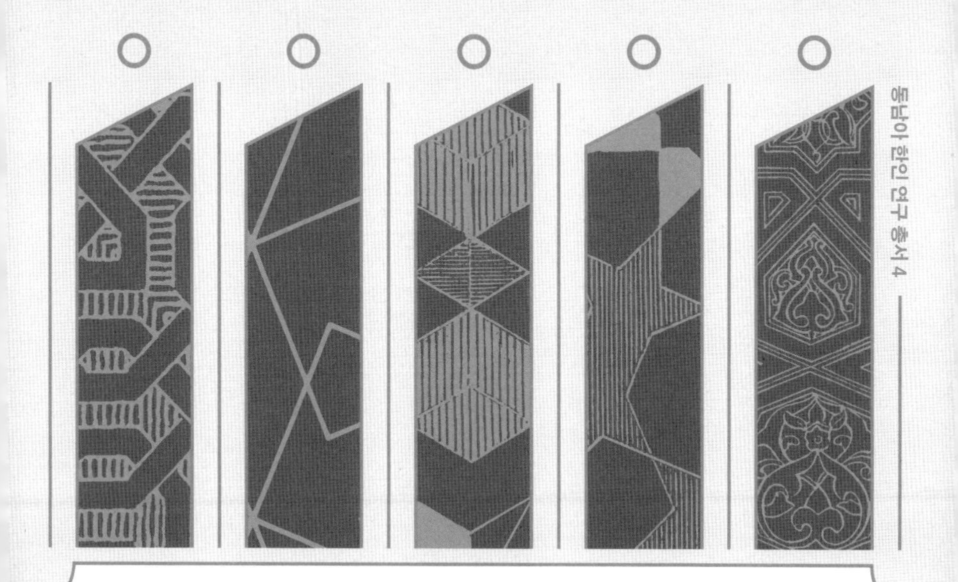

동남아 한인 연구 총서 4

# 태국

## 일시적 해외 거주를 넘어 공존의 디아스포라로

**김홍구 지음**

눌민

**일러두기**

이 책의 태국 지명과 인명은 외래어표기법이 아닌 태국어 발음을 기준으로 했다.

# 머리말

필자는 1984년 처음으로 태국에 발을 디뎠고 이후 방학 때마다 태국을 방문했다. 태국을 다니면서 태국 국왕, 군부, 불교, 소수종족에서 태국 속 한류에 이르기까지 필자의 연구 관심 영역은 다양했지만 한인에게 주목한 것은 비교적 최근의 일이다.

필자가 1980년대 중반, 처음으로 태국의 한인 사회를 목격했을 당시는 한인의 수가 많지 않았다. 1986년 태국 교민 수는 449명, 체류자 수는 286명에 불과했다. 이후 2013년 1년 동안 방콕 까쎗쌋대학교 초빙교수로 갔을 당시 한인 사회의 인구수는 2만 명이 넘는 규모였다. 이때부터 한인 연구를 본격적으로 시작했다.

태국에서 한국인이 정착하기 시작한 때는 제2차 세계대전 이후이지만 한인이 크게 늘어난 시기는 1980년대 중후반 이후부터이다. 1989년 한국의 해외여행 전면 자유화에 따라 태국에 한국인 관광객이 급증하면서 관광산업과 관련하여 진출한 교민들과 한국 투자 진출 증가 등 한·태 경제협력 증진에 따른 상사 지사원 및 투자업체 직원

등이 늘었기 때문이었다.

또 2000년대 초에는 초국가주의 현상으로서 '한인들의 대규모 이주'가 나타났는데, 이는 1990년대 동아시아 경제위기를 겪으면서 (태국에서) 본격화된 지역협력에 기인하는 것이었다.

필자는 본격적으로 한인 연구를 하면서 태국 한인의 특수한 존재 양태가 재외한인 연구에서 갖는 의미에 주목했다. 태국 한인들은 기존의 재외한인 연구의 관점에서 보면 '정착형 이주자settler'보다는 '일시적 해외 거주자sojourner'에 가까워 재외한인의 범주에 넣어야 할지조차 망설여지는 특수성을 가지고 있기 때문이었다.

대한민국 외교부 자료인 「재외동포 현황 2019」에 따르면 재태한인의 인구수는 2만 200명이다. 거주 자격별로 살펴보면 시민권자(77명)와 영주권자(128명)의 수는 적고 대다수는 일반 체류자(1만 6,107명)와 유학생(3,888명)들이다.

해외 거주 한인을 교민과 체류자로 분리하는 경우 사실상 태국 한인 중 시민권이나 영주권을 취득한 교민의 수는 그리 많지 않다고 볼 수 있다. 하지만 오늘날 해외 한인의 존재 양식은 점점 더 많이 태국 한인과 유사해지고 있다는 점을 주시하게 되었다. 또 한국보다 경제적으로 못 사는 나라로 이주해서 삶을 모색하는 해외 한인이 많아지고 있다는 사실을 염두에 둘 때 태국 한인의 존재 양식을 예외적인 사례로만 취급할 수도 없었다.

이런 점에서 재태한인 연구는 재외한인 연구의 지평을 넓히고 다양한 성격의 재외한인에 대한 연구를 촉발시키는 계기가 될 수 있을 것이라는 생각을 갖게 되었다.

필자는 2013년부터 2018년에 걸쳐 크게 두 시기 동안 한인 연구에 집중했다. 우선 2013년 8~10월까지 3개월간 재태한인의 특성과 태국에 대한 인식도를 파악하기 위해 현지에서 설문조사를 실시한 바 있다. 가능한 한 여러 사회경제적 지위를 가진 다양한 사람을 만나 현지에서의 삶의 경험에 대한 진술을 청취하기도 했다.

필자는 한국학중앙연구원의 〈2016 한국학 특정 분야 기획연구: 해외 한인 연구사업〉 지원을 받으면서 다시 한 번 현지연구를 했다. 2016~2018년까지 매년 여름방학과 겨울방학 때 태국을 방문하여 한인 사회에 대한 자료를 모으고 재태한인과 태국인들을 인터뷰했다.

이러한 작업을 하는 데 중심을 잡도록 해준 가장 기본이 된 자료는 CD 형식으로 재태국 한인회에서 만든 『태국 한인 60년 史(1945~2008)』(2008)이다. 또 하나는 한태 수교 50주년 행사를 맞이해 한국외국어대학교 태국어과 김영애 교수가 태국학회에서 발표한 「1960-70년대 태국 사회 속의 한국인」이다. 현재 태국에서 가장 오랜 역사를 갖고 있는 『교민잡지』도 도움이 되었다.

이 중 『태국 한인 60년 史(1945~2008)』(출처가 불분명하거나 주관적일 수 있는 내용도 간혹 발견되었다)는 이 책의 시기별 한인의 이주 동기와 정착의 이야기 구성에 밑바탕이 되었다.

필자는 50여 명의 재태한인과 태국인들을 인터뷰하면서 한인 사회에 대한 다양한 정보와 견해를 접할 수 있었는데 그 내용의 서술은 분명한 한계점도 갖고 있었다. 인터뷰하는 사람들의 기억의 한계, 서로 다른 사람들 간의 엇갈린 증언, 자기 경험의 과장, 인용의 불명확성 때문이다.

이 연구는 재태한인의 이주현상을 하나의 틀 속에서 분석하기 위해서 거시적 측면에서 초국가주의적 문화의 흐름이라 전제하고, 일반적으로 디아스포라 연구에서 공통적으로 다루고 있는 주제들—이주, 적응, 정체성—을 재태한인(교민과 체류자)의 경험에 적용해보는 것을 목적으로 삼았다.

이런 목적을 달성하기 위해 한인들이 태국으로 이주하게 된 동기와 과정, 일상적 삶 속의 생활양식과 정체성, 한인과 현지인 사이의 관계와 갈등 양상, 한인의 현지 사회에 동화되는 과정과 초국적 정체성에 대해 파악해보았다.

마지막으로, 앞으로 태국 한인 사회의 변화 추세에 영향을 미칠 긍정적 요인과 부정적 요인도 예상해보았다.

필자는 이 글을 쓰면서 일일이 열거할 수 없는 많은 분의 은혜를 입었다. 인터뷰에 응해준 태국 한인과 태국인들의 도움 없이 이 저서는 탄생할 수 없었다. 지·상사, 공장, 교회, 사원, 재태국 한인회, 주태 한국대사관, 주태 한국문화원, 한국관광공사, 쑤쿰윗 12 한인상가 한국음식점, 여행사, 한인 국제학교와 토요학교 관계자분들과 많은 태국 지인들의 도움이 절대적이었다. 적극적으로 인터뷰에 응해주신 모든 분들께 다시 한 번 감사의 뜻을 표한다.

마지막으로 졸고를 살피고 돌보아준 눌민 정성원 사장님과 편집자의 정성과 한국학중앙연구원의 한국학진흥사업단 지원에 진심으로 감사의 말씀을 드린다.

天下第一福地에서<br>2022. 5.<br>김홍구

# 차례

## 3장 현지인과의 상호인식과 관계



## 4장 양국을 넘나드는 삶의 방식과 초국적 정체성



## 결론 한인 사회의 미래

서론

# 태국 한인 디아스포라 연구

## 1. 들어가는 말

이 글은 태국에 한인이 정착하고 살아온 역사를 기록하고 해석하는 데 목적을 두고 있다. 이를 위하여 재태한인의 이주와 정착의 역사를 살펴보고, 재태한인이 거주국 사회에서 어떻게 적응하고 있으며, 개인의 정체성은 어떻게 변화하는가를 살펴볼 것이다.

태국 한인의 정착사와 정체성의 특징을 규명하려는 이러한 시도는 적어도 두 가지 점에서 의의가 있다.

우선 동남아 한인, 특히 태국 한인에 대한 기존의 연구가 미개척 분야라는 점이다.

한국과 태국의 관계가 빠르게 진전됨에 따라 태국의 한인에 대한 대중적·학술적 관심이 점차 증대하고 있음에도 불구하고 이에 대한 연구는 미미하기 짝이 없다. 한국과 태국의 관계 심화와 재태한인들의 역할이 적지 않지만 지금까지 재태한인에 대한 연구는 개설적 소개 수준에 머물러 있을 뿐이다.

대표적인 연구 업적으로 네 편을 꼽을 수 있다.

첫째, 이문웅은 「동남아 한국 교민 연구자료집」에서 동남아 한국 교민을 비교했으며 그 일부로 태국 교민을 다루고 있다(이문웅 1987: 26-31). 이 연구는 자료 모음집으로 교민과 체류자들의 직업 분포와 교민 조직을 소개한다.

둘째, 한경구의 「세계의 한민족-아시아태평양」 역시 재동남아 한인의 일부로 재태한인을 다루는데 이주의 역사, 지역별 분포 및 거주 현황, 교민 사회의 사회 조직 및 단체, 가족생활, 사회문제, 교육, 종교, 현지 사회에의 진출 및 동화, 한인 사회의 과제 등을 개설적으로 다룬다(한경구 1996: 87-99).

셋째, 김영애의 「1960-70년대 태국 사회 속의 한국인」은 1930년대 말부터 1970년대까지 시기별로 이주한 한국인 교포들이 태국 사회에서 어떻게 뿌리를 내리고 정착했으며, 어떻게 동화되면서 활동했는가를 역사적으로 기술한다(한국태국학회 2008: 251-296).

넷째, 필자 김홍구의 「재태한인의 특성과 태국에 대한 인식」은 설문조사를 통해 재태한인들의 인구통계학적 특성, 사회경제 특성, 언어 상황과 민족 정체성의 유지 정도, 한인들의 태국에 대한 인식도 등을 정량적으로 분석함으로써 재태한인의 특성과 태국에 대한 인식도를 파악하는 데 목적을 두었다(김홍구 2014).

이 같은 연구 상황을 고려할 때 태국 한인을 총체적이고 체계적으로 탐구하는 작업이 필요한 시점이다.

두 번째 의의는 태국 한인의 특수한 존재 양태가 재외한인 연구에서 갖는 의미에 주목할 필요가 있다는 점이다.

채수홍이 「베트남 한인 사회 연구」에서 주장한 바와 같이 태국 한인들도 기존의 재외한인 연구의 관점에서 보면 '정착형 이주자settler'보다는 '일시적 해외 거주자sojourner'에 가까워 재외한인의 범주

에 넣어야 할지조차 망설여지는 특수성을 가지고 있다.[1]

가장 최근의 대한민국 외교부 자료(「재외동포 현황 2019」)에 따르면 재태한인의 인구수는 2만 200명이다. 거주 자격별로 살펴보면 시민권자(77명), 영주권자(128명)의 수는 적고 대다수는 일반 체류자(1만 6,107명)와 유학생(3,888명)들이다. 해외 거주 한인을 교민과 체류자로 나누면 사실상 태국을 포함한 동남아 한인 중 시민권이나 영주권을 취득한 사람은 그리 많지 않다고 볼 수 있다.

태국의 경우 그 이유는 대부분의 한인이 영구적인 거주를 목적으로 태국에 사는 것은 아니기 때문이다. 하지만 오늘날 일제강점기 시대와 개발도상국 시절에 이주했던 재외한인 존재 양식보다는, 태국 한인과 유사한 존재 양식이 점차 많아지고 있다는 점을 주시할 필요가 있다. 또 한국보다 경제적으로 못 사는 나라로 이주해서 삶을 모색하는 해외 한인이 많아지고 있다는 사실을 염두에 둘 때 태국 한인의 존재 양식을 예외적인 사례로만 취급할 수는 없을 것 같다.

이런 점에서 재태한인 연구는 재외한인 연구의 지평을 넓히고 다

---

1 채수홍은 「베트남 한인 사회 연구」(2017)에서 다음과 같이 언급하고 있다. "기존에 연구되어온 이런 한인 사회들과 비교해볼 때 베트남의 한인 사회는 아주 짧은 시간에 형성되었으며, 정주 의사와 법적 지위도 유동적이고, 현지인과의 사회문화 관계도 상당히 다르다. 기존의 재외한인 연구의 관점에서 보면 '정착형 이주자'보다는 '일시적 해외 거주자'에 가까워 재외한인의 범주에 넣어야 할지조차 망설여지는 특수성을 가지고 있는 것이다. 하지만 한국 경제의 급성장과 가속화되는 지구화를 배경으로 세계 각국으로 퍼져가고 있는 오늘날의 해외 한인의 존재 양식은, 식민지시대와 개발도상국 시절에 이주했던 재외한인 존재 양식보다는, 베트남 한인과 유사한 존재 양식이 점차 많아지고 있다는 점을 고려할 필요가 있다."

양한 성격의 재외한인에 대한 연구를 촉발시키는 계기가 될 수 있을 것이다.

끝으로, 이 글에서 쓰고 있는 재태한인이라는 용어가 현지에 사는 한국인을 통칭하고 있다는 점을 명확히 해두고 싶다. 외국에 거주하는 한인들은 여러 다른 용어—동포, 교포, 교민 등—로 표현되지만 여기서는 재외한인, 재태한인 등의 용어를 주로 사용할 것이다. 재태한인은 교민(영주권이나 시민권 취득자, 또는 이들을 취득하지는 않았지만 장기거주하는 자)과 일반 체류자로 나눌 수 있는데 이를 고려하여 교민이라는 표현을 일부 사용했으며 경우에 따라서는 동포, 교포라는 용어도 사용하게 될 것이다.

## 2. 연구과정과 방법

필자가 처음 태국의 한인 사회를 목격한 것은 1980년대 중반이었다. 이때만 해도 쑤쿰윗 15 맨하탄 호텔 인근 지역과 한인 식당 몇 군데에서 한인들을 만날 수 있었다. 필자의 대학 선후배(태국어 전공자들)와 그들의 지인들을 주로 만났는데 한인의 수가 많지 않아 지인을 통하면 웬만한 한인을 다 소개받을 수 있었다. 1986년 태국 교민 수는 449명, 체류자의 수는 286명에 불과해서 한인 사회에 대한 연구는 필자의 관심 밖이었다.

이후 2013년 1년 동안 필자가 방콕 까쎗쌋대학교ม.เกษตรศาสตร์ 초빙교수로 가서 본격적으로 한인 연구를 시작했을 당시 한인 사회는 2만 명이 넘는 규모로 커져 있었다. 1989년 한국의 해외여행 전면 자유화에 따라 태국에 한국인 관광객이 급증하면서 관광산업과 관련하여 진출한 교민들과 한국 투자로 인한 진출 증가 등 한·태 경제협력 증진에 따른 상사원 및 투자업체 직원 등이 늘었기 때문이었다.

필자는 태국 한인에 대한 저서 집필을 목적으로 2013년 초 관련 문헌 검토부터 시작했다. 그리고 2013년 8~10월까지 3개월간 재태 한인의 특성과 태국에 대한 인식도 파악을 목적으로 설문조사를 실시했다.

재태한인들의 인구통계학적 특성(연령, 성별, 결혼 여부, 가족 구성 등), 사회경제 특성(교육 수준, 직업 분포, 소득, 종교 등), 언어 상황과 민족 정체성의 유지 정도, 한인들의 태국에 대한 인식도 등을 현지 설문조사를 통해 정량적으로 분석했다.

이 연구는 방콕 거주 한인 458명의 표본을 갖고 수행되었다. 설문조사의 표집틀이 될 수 있는 한인들의 주소록이나 전화번호부가 없는 상황에서 자료 수집 방법으로 확률표집법을 사용하는 것은 현실적으로 불가능했다. 대안으로 한인들에게 용이하게 접근할 수 있는 장소를 방문해 조사를 실시했다.

구체적으로는 방콕의 대형 교회, 사원, 주태 한국대사관, 주태 한국문화원, 한국관광공사, 쑤쿰윗 12의 한인 상가, 한국 음식점, 여행사와 한인 체육대회, 한인 국제학교와 토요학교, 재태한인회와 한국문화원 주최 문화강좌, 재태한인회 월별 모임 등을 수시로 파악, 방문해 조사했다. 가능한 한 여러 사회경제 지위를 가진 다양한 사람을 만나 현지에서의 삶의 경험에 대한 진술도 청취하려고 했다.

필자는 한국학중앙연구원의 '2016 한국학 특정 분야 기획연구: 해외 한인 연구사업'의 지원을 받으면서 재태한인 사회에 관해 다시 현지 연구를 했다. 2016~2018년까지 매년 여름방학과 겨울방학 때 태국을 방문하여 한인 사회에 대한 자료를 모으고 인터뷰를 했다.

1차년도에는 세 차례에 걸쳐서 약 30명의 주요 분야를 대표할 수 있는 한인들을 만났다. 인터뷰는 방콕과 치앙마이에서 2016년 7월 22일~8월 2일, 2017년 1월 8~12일, 2017년 2월 6~14일에 걸쳐서 이루어졌다. 이 책 '시기별 한인의 이주와 정착 이야기' 부분에 이들의 경험을 다수 소개했다.

2차년도에는 2017년 7월 7~20일과 8월 5~15일에 걸쳐 각계각층 한인 10여 명을 심층 인터뷰했다. 이 연구 목적에 맞는 18개의 구체적인 항목을 설정해서 질문하는 방식으로 진행되었는데 18개 질문 항목은 다음과 같다.

① 정착 동기 및 정착 시기

② 정착 당시 현지에서의 경험

③ 정착 당시 한인 사회의 상황

④ 현지인과 한국인과의 일 속에서의 관계

⑤ 가족 관계

⑥ 자녀 교육(현지 교육 경험, 자녀 교육의 어려움)

⑦ 한인 사회(한인 사회 주요 단체 평가, 한인 집단 간 교류 및 갈등)

⑧ 한인 사회의 시대별 변화

⑨ 현지인과의 관계(현지인에 대한 이미지와 생각, 현지인과의 갈등 경험)

⑩ 현지에서의 정치적 경험(이민정책에 대한 평가와 불만)

⑪ 현지에서의 문화적 경험(현지 미디어 소비와 정보 획득 방법)

⑫ 한국 정부의 해외 한인 정책에 대한 평가(재외 공관 및 단체에 대한 평가)

⑬ 한인 사회의 사회경제 분화(사회경제 지위에 따른 갈등)

⑭ 교통·통신의 발달에 따른 변화(한국과의 교류, 방문)

⑮ 한인-현지인 가족(한인-현지인 가족의 자녀 교육과 정체성)

⑯ 장거리 민족주의(한국 정치에 대한 관심)

⑰ 젠더(젠더에 대한 한국 문화와 현지 문화의 차이)

⑱ 향후 계획(귀국 희망 시기와 여부)

이 질문을 통해 인터뷰 대상자에게서 태국으로 이주하게 된 동기와 과정, 현지의 일상적 삶 속의 생활양식과 민족 정체성, 현지인과의 관계와 상호인식, 현지로의 동화 과정과 초국적 정체성에 대한 다양한 정보와 견해를 접할 수 있었다.

3차년도 연구는 2018년 7월 1~12일까지 이루어졌다. 모두 20명을 인터뷰했는데 내용은 다음과 같다.

- 현지인과 한인이 관계 맺는 계기
- 한인과 현지인의 관계양상 및 위계
- 한인과 현지인의 상호평가
- 양자가 관계 맺는 과정에서 발생하는 흥미로운 사건이나 에피소드
- 계층에 따른 한국인에 대한 인식 차이
- 한국인 인식에 미친 한류의 영향
- 특별한 문화적 갈등 사례 등

필자는 한인 사회와 관련해 준비된 질문을 던지는 인터뷰와 함께 인터뷰 대상자에게 허락을 얻어 이들의 생애사life history를 수집하는 방법도 활용했다. 이들의 생애사에 묻어 있는 정보를 통해 한인 사회의 정착사를 재구성해보고, 한인회를 비롯한 여러 공식·비공식 단체 구성원 사이의 사회 관계를 파악하고자 하였다.

또한 이들이 초국적 공간인 태국의 한인 사회에서 생활하면서 타자에게 가지고 있는 시각과 이를 통해 드러나는 종족·계급·젠더 정체성을 진술된 생애사 자료 속에서 읽어내려고 했다.

태국 한인 사회의 특수성을 파악하는 데는 필자가 연구를 집중해온 방콕 한인 사회만이 아니라 치앙마이 한인 사회에 대한 정보도 도움이 되었다. 치앙마이 한인회는 상대적으로 역사가 짧고, 인구의 규모가 작으며, 사회 관계를 맺는 방식과 정치 전개 방식도 방콕과 차이를 보였다.

지역별로 방콕 다음으로 한인이 많이 거주하는 곳이 치앙마

이다. 2005년에 발족한 치앙마이 한인회는 재태국 한인회의 지부가 아니고 별도로 운영되고 있다. 치앙마이 한인회는 소위 사회문화적 초국가주의 행태와 한인 정체성을 강화시켜줄 활동들이 비교적 활발한 것으로 나타나고 있다.

치앙마이 한인회는 한인이 교류하는 주요 공간으로 한인회 채팅방을 운영한다. 이외에 골프 모임 등의 소규모 채팅방도 활성화되어 있다. 한인회에 대한 한인들의 관심도를 측정하기 위해 한인회 회비 납부 현황을 살펴본 결과 치앙마이 한인회 회비 납부자 비율이 방콕보다 훨씬 높게 나타났다.

필자가 태국 한인에 대한 저서 집필을 목적으로 이 글을 쓰면서 2013년 초부터 본격적으로 관련 문헌을 검토하기 시작한 이래 중요하게 활용한 기초 자료들이 있다. 이 자료들은 특히 1980년대까지 한인 역사의 기술과 생존해 있는 한인 원로 인터뷰 대상 선정 등에 도움을 주었다.

첫째는 재태국 한인회에서 CD 형식으로 만든 『태국 한인 60년史(1945~2008)』(2008)이다. 둘째는 재태국 한인회에서 발간하는 『한인뉴스』(2013년 4~10월 자료)이다. 셋째는 한·태 수교 50주년 행사를 맞이해 한국외국어대학교 태국어과 김영애 교수가 태국학회에서 발표한 「1960-70년대 태국 사회 속의 한국인」이다. 넷째는 현재 태국에서 가장 오랜 역사를 갖고 있는 『교민잡지』이다.

## 3. 이론적 논의

이 연구에서는 하나의 틀 속에서 분석하기 위해서 재태한인의 이주 현상을 거시적 측면에서 초국가주의적transnational 문화의 흐름이라고 전제한다.

최근의 국제 이주는 단순히 한 사회에서 다른 사회로 이동하는 것이 아니라 둘 이상의 장소에서 반복되는 중요한 연계를 유지하는 초국가적인 면모를 갖는다(Kearney 1995; Glick 1997; Portes et al. 1999; Vertovec 1999).

초국가주의는 현대의 국제 이주가 과거에 비교해서 모국과 거주국 간의 쌍방향적인 인구 이동이며 이주민이 거주국에서 정착하면서도 모국과 긴밀한 관계를 유지하는 것에 주목한다. 초국가주의의 첫 번째 특성은 다른 국가들 사이에 사는 사람들을 묶어내는 연계linkage이고, 두 번째 특성은 초국가적 연계를 지속시키는 동시성simultaneity이다. 새로운 과학기술은 장거리 이동과 커뮤니케이션을 더 빈번하고, 빠르고, 규칙성 있게 만들었다. 이것은 이주자들이 모국과 그들이 사는 정착 국가들에 동시적으로 관여할 수 있도록 한다. 이러한 점에서 초국가주의 연구자들은 연계와 동시성이라는 두 가지를 초국가주의의 특징으로 간주한다(Mazzucato 2000).

초국가주의 현상은 몇 가지 특징을 갖는다. 버토벡(Vertovec 1999: 449-56)은 여섯 가지를 제시했다.

첫째, 개인적인 위치가 초국가적인 사회 회로에서 접촉점으로 작용해 경계선을 가로지르는 사회적 구성 형태 둘째, 한 국가 이상의 여러 국가와의 다양한 동일시에 의해 자극을 받는 새로운 의식의 형태 셋째, 문화 혼합, 혼종성, 브리콜라주bricolage로 특징짓는 문화 동일시와 재현의 새로운 양식 넷째, 지구화를 가능케 하는 초국적 기업에 의한 자본의 흐름 다섯째, 출판과 언론 등에서 새로운 공학 발전에 의해 가능해진 정치 참여 여섯째, 멀고도 가까운 장소나 지역에 대한 새로운 개념의 구성 등이다.

이 연구에서 다루고자 하는 재태한인의 이주 현상은 버토벡이나 포르테스 등이 주장하는 초국가주의의 특징과 부합한다. 포르테스 등은 초국가주의적 행태를 세 가지로 구분한다. 첫째로 '경제적 초국가주의'는 다국적기업의 행태를 의미한다. 둘째로 '정치적 초국가주의'는 출신지와 정착지 모두에서 정치적 권력이나 영향력을 취득하기 위해 활동하는 사람들의 행태를 의미한다. 셋째로 '사회문화적 초국가주의'는 출신지 국외에 거주하며 민족 정체성의 강화나 민족의 문화행사에 집단적으로 참여하는 것과 같은 행태를 의미한다(Portes et al. 1999: 221).

한편으로 이주자들의 초국가적 행태는 이주자가 개인적으로 경험하는 이주의 목적과 배경, 그리고 정착지로 이주할 당시의 인적·물적 자본의 소유 정도와 밀접한 관련이 있다. 많은 인적·물적 자본을 동반한 이주의 경우 공적 영역—출신지 사회의 정치경제 환경 개선을 위한 활동—에서의 초국가적 활동에 간여할 가능성이 높으며, 반대인 경우 초국가적인 활동이 사적 영역—송금과 사업 목적으로 유기적 관계 유지—에 치우치는 경향이 나타난다.

이 같은 이주자의 개인적 환경 외에 정착지에서의 삶의 환경 또한 초국가적 행태의 유형에 많은 영향을 준다(김동엽 2012).

실제로 포르테스(2007)와 같은 연구자들은 교육 수준이 높고 거주국에 성공적으로 적응한 이주자들이 초국가적 활동에 더욱 적극적이라고 보고했다.

초국가주의 현상에 관해서는 다양한 주장과 논의들이 이루어지고 있다. 우선 이주 동기에 관해 살펴보자. 초국가적 이주에 대한 캐슬스와 밀러(Castles and Miller 2003)를 비롯한 많은 연구는 주로 보다 높은 임금, 더 나은 취업 기회, 직업 능력의 향상과 같은 경제적 이유로 인해 더 나은 선진국으로 이동한다고 주장한다.

키비스토(Kivisto 2001)는 초국가주의의 등장을 산업화되지 않은 지역에서 안정적인 정치와 성공적인 산업화를 겪은 국가로 인적 자본이 이동하면서 인종적 융합이 발생하고, 이주민 공동체가 형성되는 것으로 설명한다.

하지만 이 주장들은 선진국에서 개발도상국으로의 이동은 설득력 있게 설명하지 못한다. 선진국에서 개발도상국으로 이주한다고 해서 경제적 이유에 의한 이동이 아니라고 주장할 수 있는 것은 아니지만 보다 복합적이고 개별적인 이유를 고려할 필요가 있는 것은 분명하다.

절대다수가 2000년 이후 이주한 재태한인들은 상대적으로 부유한 나라에서 가난한 나라로 이주했다는 특수성을 지녔다. 이들은 사실상 태국에 영구히 정착할 생각이 없는 사람들이다. 장기간 체류하고 있을지라도 언젠가는 한국으로 돌아가야 한다는 생각을 공유한다. 그 결과 이들은 서구에서 일반적으로 논의되고 있는 이주(노동)자와는 다른 정체성과 주체성을 가지고 초국가주의를 경험하고 있다고 볼 수 있다.

그동안의 이주민 연구들은 주로 이주의 배출-흡인 요인과 이주의 경제 영향 및 정부의 동화정책과 같은 외부 요인에 집중했다고 볼 수 있기에 개인과 사회 사이의 관계들과 이주자들의 종족·인종 정체성을 찾는 연구들에 좀 더 집중할 필요도 있다.

포르테스(Portes 1997)는 초국적 이주민transmigrants의 특성에 대한 언급에서 이주민들이 이중적인 삶을 살아가고 있으며, 이중적 언어를 구사하고, 두 국가에 두 곳의 거주지를 유지하며, 이 두 곳에서 정치·경제·문화적 이해를 추구하는 것으로 묘사했다. 초국적 이주민은 한 국가에 고정되어 있는 단일 정체성이 아닌 다중적이고 가변적이며 혼종적인 정체성을 형성하게 된다는 것이다.

캐슬스(Castles 2002)는 초국가적 공동체 구성원들이 오랫동안 지속해온 국민 정체성을 넘어 모순적이거나 유동적인 정체성을 갖는다고 한다.

초국가적 공간을 빈번하게 이동하는 이주자들은 모국과 거주국, 그리고 중간의 경유국을 연결하는 초국가적 사회 장transnational social field에서 정치·경제·사회문화의 다층적 사회 연결망을 형성하고 초국가적 생활을 펼쳐나간다. 그리고 이런 초국가적 사회 장에서 초국가적 공동체와 소속감이 형성되어 모국, 경유국, 거주국에서 평행적인 생활이 가능해진다(Bruneau 2010).

이런 측면에서 초국가주의는 오랫동안 서구에서 이주자들이 거주국에 통합되는 모델로 여겨졌던 동화assimilation와는 구별되는 양식을 보여준다. 즉 종족집단의 고유한 문화와 정체성을 버리고 거주국의 문화로 일방적으로 동화되는 것이 아니라 모국과의 연계성을 유지하고 그것을 신분 상승의 자원으로 활용하는 것이다.

베리(Berry 1987)는 이주민들의 사회 참여와 문화 정체성의 수준에 따른 네 가지 범주의 소수민족 이민자 적응 유형을 제시한 바 있다. 현재 많은 문화 적응 유형에 관한 이론들은 베리가 제시한 다차원적 문화 적응 이론 모델을 따르고 있다. 구체적으로 하위 유형을 살펴보자.

통합integration 유형은 이주민들이 거주국 주류 사회에 적극 참여하면서 그들의 전통과 문화를 유지하는 경우이다.

동화 유형은 이들이 이주한 사회에 적극적으로 참여하는 도중에 자신들의 문화와 정체성을 잃어버리고 흡수된다.

고립isolation 유형은 이주 사회에 참여하지 않으면서 자신들의 문화 정체성을 강하게 유지하는 경우이다. 일반적으로 소수민족의 집단 거주지가 이와 같은 사례에 속한다.

주변화marginalization 유형은 이주국 사회에 참여하지 않으면서 자신들의 정체성도 잃어버리는 경우인데 이 유형의 이주민은 하층계급으로 전락해 거주국 사회에 반하는 의식과 행동양식을 갖기도 한다.

문화 적응 개념은 이렇게 이론적으로 앞의 두 가지 차원의 네 가지 유형으로 구분될 수 있지만, 실제 문화 적응 과정에서 한 개인이 어떠한 유형을 나타내는지는 보다 복잡한 양상을 띠게 된다. 여러 상황 맥락에 따라 다른 적응 형태를 나타낼 수 있다는 의미이다.

이와 같은 문화 적응 유형은 이주 사회 참여 정도와 민족문화와 정체성 유지 정도에 따라 구분한 것이다. 전자는 직업과 소득·교육·사회활동·타민족과의 관계를 통해 살펴볼 수 있다. 후자는 모국어 사용과 이주민 사이 결혼·관습 등 의례와 공동체 의식 등을 통해서 알 수 있다. 문화 적응 유형에 영향을 미치는 요인으로는 성별·언어·출국 시기·사회적 지지 등을 들 수 있다.

마지막으로 기존 연구의 한계성을 지적한 논의들을 살펴보기로 한다. 지금까지 초국가적 종족 공동체에 관한 선행연구는 암묵적으로 단일동족집단모델mono co-ethnic group model에 기반을 두어왔다. 즉 거주국 내의 이민자 집단을 주류 집단과의 관계 속에서 파악하다 보니 자연히 모국이 같은 이민자 집단을 하나의 동질적인 집단으로 상정한 것이다.

이에 대해서 윤인진(2013)은 '다자적 동족집단모델multilateral co-ethnic group model'을 제안하면서 이 모델이 하나의 종족집단 내에 복수의 하위 종족집단들sub-ethnic groups이 존재하고 이들이 거주국의 주류 집단뿐만 아니라 동족 내 하위 집단들과 복잡한 관계를 맺는 양상을 분석하는 데 유용할 수 있다고 주장한다.

역사적 경험에 비춰볼 때 재외한인의 이주는 모국을 떠나 거주국에 한 번에 정착하는 단선적이고 영속적인 것이 아니고 보다 나은 기회를 찾아 연속적으로 이주하고 다수의 거주국들에서 정착과 재정착을 반복하는 경향이 있다. 이주 시기와 출신 배경을 달리하는 재외한인들의 연속적 이주로 인해 재외한인 사회는 올드 커머old comer와 뉴 커머new comer가 혼재하면서 갈등과 협력의 복잡한 공생관계를 발전시켰다.

이들은 같은 한인이라고 하더라도 출신국, 생애 경험, 법적 지위 등의 차이로 인해 더 이상 단일의 동질적인 종족집단으로 보기 어렵다. 이들의 종족 정체성 개념과 거주국 내에서의 적응 및 사회 편입 방식 역시 상당한 차이를 보이고 있다.

이런 현상은 2000년대 들어서 두드러져 단일의 모국과 종족성을 상정한 기존의 종족성 이론으로는 설명하기 어렵게 되었다. 따라서 동족이라도 출신국과 국적에 따라 복수의 하위 집단들이 존재하는 것을 고려한 보다 정교한 종족성 이론을 적용해서 다원화된 동포 사회를 다차원적으로 분석하는 것이 필요하게 되었다.

이 연구에서 살펴볼 초국가주의 현상과 관련한 논의의 초점(중요 쟁점)은 다음과 같이 정리할 수 있다.

첫째, 이주 현상을 초국가주의적 문화의 흐름으로 전제할 경우, 초국가주의의 특징과 행태에 관한 것들이다. 초국가주의의 가장 중요한 특징은 연계와 동시성이다. 초국가주의 행태는 '경제적 초국가주의', '정치적 초국가주의', '사회문화적 초국가주의'로 나누어볼 수 있다. 초국가주의 활동은 교육 수준이 높고 거주국에서 성공적으로 적응한 이주자들에게서 더욱 적극적으로 나타난다.

둘째, 이주 동기에 관한 것으로, 초국적 이주에 대한 많은 연구는 경제적 이유로 인해 더 나은 선진국으로 이동한다고 주장한다. 하지만 선진국에서 개발도상국으로의 이동이라는 방향성에 대해서는 설명하지 못하고 있다.

셋째, 초국적 이주민의 정체성에 관한 것으로, 일반적으로 초국적 이주민은 이중적인 삶을 살아가고 있으며, 두 곳에서 정치·경제·문화적 이해를 추구하는 것으로 묘사된다. 초국적 이주민은 한 국가에 고정되어 있는 단일 정체성이 아닌 다중적이고 가변적이며 혼종적인 정체성을 형성하게 된다. 따라서 초국가주의는 오랫동안 서구에서 이주자들이 거주국에 통합되는 모델로 여겨졌던 동화와는 구별되는 양식을 보여준다.

넷째, 초국적 이주 연구의 한계성을 지적하는 논의로, 하나의 종족집단 내에 복수의 하위 종족집단들이 존재하고 이들이 거주국의 주류 집단뿐만 아니라 동족 내 하위 집단들과 복잡한 관계를 맺는다. 이들은 같은 한인이라고 하더라도 종족 정체성 개념과 거주국 내에서의 적응 및 사회 편입 방식 역시 상당한 차이를 보이고 있다.

이 연구는 일반적으로 디아스포라 연구에서 공통적으로 다루는 주제들—이주, 적응, 정체성—을 재태한인(교민과 체류자)의 경험에 적용해보고자 한다. 이런 목적을 위해서 앞에서 한 다양한 논의의 맥락에 대한 이해를 바탕으로 1장에서 재태한인 사회의 형성 과정, 이주 동기, 시기별 한인의 이주와 정착에 관한 개인 경험을 살펴본다. 2장과 3장은 적응에 관한 것으로, 2장에서는 일상적 삶 속의 생활양식과 민족 정체성, 사회 계층의 분화와 갈등에 대해서 살펴보며, 3장에서는 한인들의 현지인과의 관계를 알아본다. 4장에서는 현지 동화 과정과 초국적 정체성에 관해서 살펴보고자 한다. 마지막으로 결론에서는 태국 한인 사회의 미래를 예측해볼 것이다.

이러한 내용을 서술함으로써, 이제까지 태국 한인의 삶을 총체적으로 다룬 저서가 부재한 현실에서, 이 연구가 이들의 과거, 현재, 그리고 미래를 다루는 최초의 역사 민족지民族誌가 될 것으로 기대한다.

1장

# 태국으로의 이주와 정착사

## 1. 양국 교류의 역사 관계

이 장에서는 전근대 시대 한국과 태국 사이의 교류 역사 속에서 태국으로 건너간 초기의 한국인을 먼저 살펴보려고 한다. 한국과 태국 간 교류는 고려 말과 조선 초에 집중적으로 이루어졌는데 조선 초에 태국을 방문했다고 알려진 최초의 사절은 태국 측에 대한 답방의 성격으로 파견된 것으로 볼 수 있다.

『태조실록』에 따르면 이성계가 조선을 창건한 이듬해인 1393년 태국인인 장사도張思道 등 20인이 조선을 방문했으며, 1396년에는 섬라국에 사신으로 갔다 오던 일행이 왜구에게 잡혀 죽었는데 이자영만이 살아 돌아왔다는 기록이 있다. 1397년에는 왜인에게 잡혔다 도망 온 섬라곡국暹羅斛國 사자 임득장林得章 등 6인에게 옷을 하사했다는 기록도 존재한다. 하지만 섬라국에 갔다는 사신들이 섬라국에 도착해서 태국 국왕을 알현했는지에 대한 기록은 남아 있지 않다(「국사편찬위원회 한국사 데이터베이스」).

이에 앞서 고려 말에도 태국 측의 방문은 있었으나 그에 대한 답방으로 사신을 파견했다는 기록은 없다.《고려사》에 따르면 양국 간 최초 접촉은 공양왕 3년인 1391년 음력 7월(1391년 7월 3일음 무자戊子, 1391년 8월 3일양)에 이루어졌다. 섬라곡국에서 내공奈工 등 8인이

와서 토산물을 바쳤다는 기록이 있다.

> 섬라곡 국왕이 이번에 내공 등을 사신으로 삼아서 배에 토산물을 싣고 가서 '고려高麗 국왕國王에게 바칩니다'라고 하였다. 하지만 성명과 봉한 표식이 없이 작고 동그란 도장만 있어서 확인할 수가 없었다. 나라에서 그것이 위조일까 의심하여 의논하기를, '믿을 만하지 않으나 또 믿지 않을 수도 없다'고 했다.
>
> -「국사편찬위원회 한국사 데이터베이스」

이런 사실로 보아 내공은 태국 국왕이 파견한 공식 외교 사신은 아닌 것으로 보인다.

고려 말과 조선 초 이후 양국의 교류 관계는 한동안 이어지지 않다가 왓포 사원에서 태국의 현 왕조인 랏따나꼬신 왕조Rattanakosin(1782~현재) 라마 3세Rama III(1824~1851) 때 한국인에 대해 기록한 것을 찾아볼 수 있다. 왓포에는 라마 3세가 여러 이민족에 대해 기록해놓은 정자가 있는데 여기에 한국인에 대한 설명도 존재한다.

> 베트남 사람과 닮았으며
> 한국인은 이방인으로
> 머리를 묶어 올렸다.
> 수염이 많고 턱 아래까지 길렀다.

천진 가까운 곳에 살며
우아한 옷차림을 하고 있다.
멋진 비단 바지를 입고
잉우인들이 쓰는 모자를 쓰고 있다.

하지만 무슨 목적으로 방콕 인근에 한국인이 들어왔는지에 대한 상세한 기록은 찾아볼 수 없다. 당시의 인구조사 기록을 보면 방콕 인근에 13명의 한국인이 사는 것으로 나와 있다. 중국인들은 조주인·복건인·해남인·객가인 등으로 분류되었는데 한국인도 이들 중의 한 부류로 나누어져 찐까올리จีนเกาหลี로 표기되었다(정환승·빠릿인센 2015: 37-38, สุรางค์ศรี ตันเสียงสม 2007).

1880년 고종 17년에는 조주潮州 사람과 섬라暹羅 사람들로 이루어진 상선이 난파당해 충남 서천군 서면 도둔리와 마량리에 표착하는 사건이 발생했다. 1880년에 조선 조정이 허필제許必濟를 필두로 한 조주인과 태국인을 구휼한 뒤에 중국 대륙으로 송환시키는 내용도 문헌에 남아 있다.

표류 당시 선박에 타고 있었던 인원 수는 총 28명이었으며 태국인은 18명이었다. 태국인 1명은 표류 과정에서 불행히도 물에 빠져 사망했고, 나머지 27명만 간신히 표착할 수 있었다.

태국인은 모두 배를 운항하는 선원으로 추정되며, 중국인인 허필제는 태국과 중국 대륙 남북을 오가면서 물자 운송과 교역에 나선 선주였다. 나머지 중국인들은 화주 또는 선원으로 추측된다(「국

그림 1 1800년대 한국인에 대한 설명이 기록되어 있는 왓포 정자의 안내문

사편찬위원회 한국사 데이터베이스」).

이와 같이 전근대 시대 한·태 양국 간의 간헐적이고 우연한 교류는 단순한 문화접촉 수준에 그쳤다고 볼 수 있다. 한인들이 본격적으로 태국을 포함한 동남아 지역에 진출하기 시작한 것은 근대에 들어와서부터이다. 만주 등으로의 한인 이주가 독립운동을 위한 대량 이주였던 것과는 달리, 한인들의 동남아 지역 이주는 생계를 위한 개인적인 차원에서 이루어졌으나 독립운동에도 어느 정도 재정적 기반을 마련해준 것으로 알려져 있다.

한국의 인삼 상인들은 중국을 거쳐 홍콩으로 진출했으며 그곳에서 또다시 동남아 각지로 뻗어 나갔다. 당시 고려인삼은 전 세계인들에게 그 뛰어난 약효가 알려져 있었기 때문에 꽤나 인기가 있었다고 한다.

한인들이 동남아 지역에 진출한 시기는 1900년대 초반부터였다. 특히 싱가포르에 상당수의 한인이 진출했다. 한인 인삼 상인에 대한 1916년 2월 17일자 조선총독부 관보의 내용은 다음과 같다(「국사편찬위원회 한국사 데이터베이스」).

> 남양 및 인도 방면으로 도항하려는 조선인으로서 조선에서 발급한 여권 또는 신분증명서를 휴대하지 않고는 일본 정부 재외공관의 보호를 받기 어려우므로 일반 인민에 알리도록 경무총장 및 각 도 장관에 통첩한다. 근시 조선인으로서 인삼 판매 기타 행상을 목적으로 신가파新嘉坡 지방에 도항하는 자가 점증했으나 기 대부분이 여권을 소지하지 않고

동지에 도착한 후 다시 인도, 섬라 태국, 마닐라, 란령蘭領 인도 방면으로 가기 위해서 신가파 일본 영사관에서 여권을 내려고 하는 자가 적지 않다.

일제강점기에 어느 정도의 한인이 동남아에 거주하였는가에 대한 정확한 자료는 없지만 500~600명으로 추산되며, 교원·학생·관리 및 잡화상·약종상을 제외한 대부분은 인삼 상인이었다는 1931년 1월 23일자 『동아일보』 보도가 있다.

태국의 경우는 어떠했을까? 1919년 3월 일제의 조사에 따르면 태국에 있는 한인은 5명으로 모두 인삼 행상을 본업으로 했다고 한다. 정원택이라는 사람이 쓴 기록에 따르면 1917년 방콕을 방문했을 때 의주 출신의 인삼 상인을 만났다고 하고, 임시정부에서 내무차장을 지낸 이두산이라는 사람도 방콕에 거주지를 두고 1930년대 인삼 행상을 했다고 한다(김인덕 외 2008: 215).

하지만 아쉽게도 이들의 행적에 대한 상세한 내용은 아직까지 밝혀지지 않고 있다.

이후 동남아 지역에 한인들이 대규모로 진출하게 된 것은 일제의 강제동원 때문이었다. 1941년 12월 태평양전쟁을 일으킨 이후 전장이 확대되면서 일제는 한인들을 전쟁터로 끌고 나갔다. 1944년 경까지 동남아 지역에는 포로 감시원, 공사작업 노무자 등의 일에 종사한 한인들의 수가 3만 명을 넘었다고 한다.

태국은 1941년 12월 21일 일본과 군사동맹을 체결하고 다음 해

1월 25일 영국과 미국에 선전포고를 했다. 전쟁 기간 중 일제의 영향하에 있던 태국은 일본군의 전쟁물자 수송을 위한 육상 철도건설에 협조하게 된다. 일제는 제2차 세계대전 중 일본군, 군속 또는 연합군 포로수용소의 감시 요원으로 한국인을 강제동원했는데 이들 중 많은 수가 전쟁이 끝나고 태국에 잔류해 재태한인 사회 제1세대를 이루었다.

6.25전쟁에 태국이 유엔군의 일원으로 참전하여 한국을 지켜준 것은 양국의 관계가 우호를 넘어 혈맹관계로 발전된 결정적 계기였다. 그 후 현재까지 양국은 상호보완적인 상생의 협력 동반자 관계로 발전되었음은 누구나 인정하고 있다.

태국은 1948년 8월 15일 대한민국 정부가 공식 출범한 1년 뒤인 1949년 10월 한국을 정식 승인했다. 이후 한국과 태국 정부는 6.25전쟁을 통해 직접 접촉한다. 1950년 6월 25일 6.25전쟁이 발발하자 북한의 침공에 대한 유엔의 개입이 결정되었고, 태국은 16개 유엔 회원국으로 구성된 유엔군의 일원으로 1950년 11월 참전하였다. 1972년 6월 철수할 때까지 연인원 1만 315명이 유엔군의 일원으로 한국에 주둔하였다. 이후 태국군 참전 기념비가 경기도 포천군 운천리에 세워졌다. 태국은 전통적인 한국의 우방국이었으며 양자 외교관계는 물론 ASEAN, ASEM, APEC 등 다자외교에서도 밀접한 우호협력관계를 유지해왔다(윤진표 2008: 5-6).

6.25전쟁을 통해 맺어진 혈맹의 우호관계는 1958년 10월 공사급 외교관계 수립에 합의함으로써 공식 수교가 이루어졌고, 1960년

2월에는 상주 대사관 설치에 합의했다. 같은 해 3월 주태 한국대사관이 설치되고, 1961년 7월에는 주한 태국대사관이 설치돼 공식적인 외교관계가 확립되었다. 한·태 수교 이후 지금까지 양국은 정치협력과 사회경제 교류에서 매우 밀접한 관계를 유지하였다. 또한 양국은 지역협력과 세계평화를 위해 많은 분야에서 공조하며 상호호혜적인 외교관계를 정착시켰다.

한국과 태국의 깊은 우정의 외교관계는 박정희 대통령이 1966년 최초로 태국을 방문한 이후 양국 지도자들의 개인적인 유대 강화가 큰 역할을 했다. 양국 외무장관과 경제장관 및 군 고위 장성들의 교차 방문도 빈번하게 이루어졌다.

한·태 양국은 무역거래에서 1976년 5,500달러, 1986년 5억 달러를 달성하고 1980년대 말 10억 달러를 기록하는 등 빠른 성장세를 보였다. 이러한 경제관계의 확대에 따른 양국 외교관계도 실질적인 많은 진전을 보였다. 무역협정(1961), 항공협정(1967), 이중과세방지협정(1974), 사증면제협정(1981), 과학기술협력협정(1985), 투자보장협정(1989), 범죄인인도조약(1999), 해운협정(2002), 문화·교육협력협정(2004), 태국의 한·아세안 자유무역협정FTA 상품 및 서비스협정 가입의정서(2009)가 연속적으로 체결되었다(외교부 2019).

## 2. 한인 사회의 현황과 법적 지위

### 1) 현황

현재 한국과 태국 관계를 경제 측면에서 살펴보면, 2010년 1월 FTA 발효 후 무역량이 증가해 2011년에는 139억 달러를 기록했다. 한국의 대 태국 투자는 외환위기 이후 저조했으나, 2010년부터 회복세로 돌아서서 2011년 누계 24억 달러로 대폭 증가했다. 한국인 지분 10퍼센트 이상의 태국 내 우리 기업 수는 500여 개에 달하며, 약 7만여 명의 태국인이 고용되어 있는 것으로 추정된다(외교부 2014).

2018년 한·태 양국 간 교역액은 141억 달러로 역대 최고치를 기록했으나, 2019년부터 다시 감소세로 전환하며 2020년 상반기 기준 우리나라의 제13위 수출, 21위 수입, 16위 교역, 22위 무역흑자 대상국이다(대한무역투자진흥공사 2021: 31).

우리나라의 대 태국 누적 투자금액은 2019년 기준 27.8억 달러이며, 2019년 단일 연도 기준으로 하여 태국은 우리나라의 전체 39위, 아세안 국가 중 여덟 번째 투자 대상국이다(대한무역투자진흥공사 2021: 33).

정치·외교 분야 및 지역 공동체 측면에서 살펴보면, 태국은 한국의 전통적 우방국으로 한반도 평화, 북핵 문제 등 주요 사안에 대해서 항상 우리 정부 입장을 지속적으로 지지해왔다. 또한

2012년 11월 전략적 동반자 관계 발전에 관한 양해각서를 체결해 21세기 '동아시아 지역공동체' 건설과 구상이라는 맥락에서 하나의 지역 단위로서 상호영향을 주고받으면서 그 관계가 심화되고 있다.

사회문화 분야에서 태국은 동남아 한류의 거점으로서 태국인들은 한국 TV 드라마, 영화, 음반 및 게임에 관심이 매우 높으며, 민간 차원의 진출이 활발하게 진행 중이다. 거슬러 올라가면, 2002년 월드컵을 계기로 한국 인지도가 급격히 상승하여 한국 문화 및 한국어 수요가 늘어나는 등 한류가 확산일로에 있다. 양국 상호 관광객 수는 2018년 현재 230만 명을 이미 넘어섰다.[1] 사회문화와 관광은 양국 관계에서 가장 눈에 띄게 발전하는 분야이기도 하다.

한국과 태국 관계가 심화된 데는 1990년대 이후 한국의 세계화 전략과 경제성장에 따른 외교 및 경제관계 확대라는 요인도 있지만, 일찍이 태국으로 이주한 한인들이 관계를 심화시키는 데 무엇보다 중요한 역할을 하였음을 지적할 수 있다.

태국은 동남아 국가 중 한국과 50년 이상의 수교 역사를 갖는 3개국 중 하나이며(필리핀 1949년, 태국 1958년, 말레이시아 1960년 외교관계 수립), 한인 사회의 규모 면에서 베트남(12만 4,458명), 필리핀(8만 5,125명), 인도네시아(2만 2,774명), 싱가포르(2만 1,406명), 말레이시아

1 2018년 태국을 방문한 한국인 관광객 수는 약 180만 명을 기록했는데, 태국에서 보면 한국은 중국과 말레이시아에 이어 세 번째로 자국을 많이 찾는 국가이다. 한국을 방문한 태국인 관광객 수는 약 56만 명으로 아세안 국가 중 베트남에 이어서 두 번째로 많다.

(2만 861명)에 이어 여섯 번째(2만 200명)로 큰 국가이다(2019년 기준).

1970년대까지만 해도 태국은 동남아에서 교민의 비율이 가장 높은 나라로, 한인들이 뿌리를 내린 안정도 측면에서 최고의 국가이기도 했다.

1980년대 중반 이후 태국의 한인 사회가 양적으로 크게 확대됐다. 관광산업과 관련해 진출한 교민들과 한국 투자 진출 증가 등 한·태 경제협력 증진에 따른 상사원 및 투자업체 직원 등이 급증했다. 2000년대 초부터는 한류가 태국의 주요한 사회 현상으로 대두되어 관련 산업 종사자들이 크게 늘었다.

재태한인의 인구수는 앞에서도 말했지만 2018년 12월 31일 기준으로 2만 200명(남성 1만 2,300명, 여성 8,200명)이다. 거주 자격별로 살펴보면 시민권자 77명, 영주권자 128명, 일반 체류자 1만 6,107명, 유학생 3,888명이다. 지역별로 방콕에 1만 2,200명, 치앙마이에 4,000명, 촌부리와 라영 등(한국 공단 밀집 지역)에 3,000명, 푸껫에 750명이 거주한다. 재태한인 전체 인구의 60퍼센트가량이 방콕에 사는 것이다.

방콕에서 한인들이 많이 거주하는 지역은 쑤쿰윗, 텅러, 프른찟, 싸턴, 씰롬 등 집값이 비싼 지역이 있는 반면에, 프라람 3, 프라람 9, 랏차다, 팟타나깐, 방까비 등 집값이 비교적 저렴한 지역도 있다. 방콕 길목에 위치한 방나는 한국 투자기업이 밀집한 촌부리 공단과 가까워서 신흥 부촌이라고 할 수 있다.

재태한인들의 이주 동기는 해외 파견근무, 새로운 사업 기회, 본인 및 자녀 교육의 목적, 보다 나은 삶의 질 추구 등의 이유에서 찾아볼 수 있다. 이들의 한국에서 직업 분포는 관리 사무직, 자영업, 판매 서비스직, 교육 연구직 순으로 많다(김홍구 2014: 218-219).

재태한인들은 매우 높은 학력(대재 이상)을 갖고 있으며, 태국에 이주해 학력 대비 직업 안정도가 낮은 직종에 종사하는 것으로 나타난다. 한인들의 주 종사 업종은 여행사, 식당, 골프장, 쇼핑센터 등으로 한인 관광객들을 대상으로 하는 취약성을 가졌다고 볼 수 있다(김홍구 2014: 221).[2]

한인들의 월 소득 수준을 살펴보면 '중' 이상이 많은 편이지만, 낮은 소득으로 경제적 어려움을 겪는 교민들도 상당수 존재해 교민 사회의 위화감을 조성할 가능성도 있다(김홍구 2014: 221). '중' 이상이 많은 편이라는 표현은 비교 대상이 태국인인가 한국인인가에 따라서 달라질 수 있다.

2 이는 2014년에 실시된 한인 대상의 정량적 조사 결과이다. 코로나19 사태로 재조사를 하기가 쉽지 않은 현 상황에서 그 경향성에 변화가 있는지를 알아보기 위해 전문직이면서 태국에 15년 이상 거주하는 재태한인 10여 명을 대상으로 2020년 4~5월 중 이메일 인터뷰를 한 결과 응답 대부분은 2014년과 2020년 현재가 크게 다르지 않다고 했으나, 다음과 같은 언급도 있었다.

"6년이 지난 지금 변동이 좀 있는 것 같다. 2014년 이후 자영업 목적으로 진출한 30~40대 초반 사람들이 크게 늘었다. 한류 상품의 수입, 유통, MICE(meeting, incentive tour, convention, exhibition) 업종과 IT 분야 진출이 많았는데 정량적 통계는 찾을 수 없지만 이런 젊은 진출자들이 최근 4~5년 사이에 부쩍 증가한 것은 사실이다."

– 68세, 남성, 사업가

표 1 재태한인의 인구지리 특성[3]

(총 사례 수 458명)

| 성별 | 응답 수 | 퍼센트 |
|---|---|---|
| 남 | 205 | 44.8 |
| 여 | 251 | 54.8 |
| 무응답 | 2 | 0.4 |
| **나이** | **응답 수** | **퍼센트** |
| 10대 | 15 | 3.3 |
| 20대 | 73 | 15.9 |
| 30대 | 89 | 19.4 |
| 40대 | 177 | 38.6 |
| 50대 | 86 | 18.8 |
| 60대 | 11 | 2.4 |
| 60대 이상 | 4 | 0.9 |
| 무응답 | 3 | 0.7 |

3 필자는 현지 설문조사를 통해서 「재태한인의 특성과 태국에 대한 인식」이라는 연구논문을 발표했다. 이 연구는 재태한인들의 인구통계학적 특성(연령, 성별 결혼 여부, 가족 구성 등), 사회경제 특성(교육 수준, 직업 분포, 소득, 종교 등), 언어 상황과 민족 정체성의 유지 정도, 한인들의 태국에 대한 인식도 등을 정량적으로 분석함으로써 재태한인의 특성과 태국에 대한 인식도를 파악하는 데 목적을 두었다. 이 연구에 사용된 설문조사는 방콕 거주 한인 458명의 표본을 갖고 수행되었으며 95퍼센트 신뢰수준에서 표본허용오차는 ±4.6p이다. 조사 대상은 편의표본추출법을 통해 선정되었으며 조사 기간은 2013년 8~10월까지 3개월간이다. 조사 데이터는 사회과학통계패키지인 SPSS 12.0을 이용해 코딩과 데이터 분석을 진행하였으며 기초통계분석표와 성별, 연령별, 소득별 교차표를 만들어 분석하였다.

| 법적 신분 | 응답 수 | 퍼센트 |
|---|---|---|
| 영주권자 | 4 | 0.9 |
| 시민 | 11 | 2.4 |
| 일반 체류자 | 389 | 84.9 |
| 유학생 | 51 | 11.1 |
| 무응답 | 3 | 0.7 |
| **이주 시기** | **응답 수** | **퍼센트** |
| 1970년 이전 | 1 | 0.2 |
| 1971–1980 | 8 | 1.7 |
| 1981–1990 | 33 | 7.2 |
| 1991–2000 | 94 | 20.5 |
| 2000년 이후 | 312 | 68.1 |
| 무응답 | 10 | 2.2 |
| **가족 구성** | **응답 수** | **퍼센트** |
| 독신 | 88 | 19.2 |
| 1세대 | 180 | 39.3 |
| 2세대 | 150 | 32.8 |
| 기타 | 24 | 5.2 |
| 무응답 | 16 | 3.5 |

| 결혼 상태 | 응답 수 | 퍼센트 |
|---|---|---|
| 미혼 | 139 | 30.3 |
| 기혼 | 307 | 67.0 |
| 기타 | 6 | 1.3 |
| 무응답 | 6 | 1.3 |
| **주거 지역** | **응답 수** | **퍼센트** |
| 쑤쿰윗 | 135 | 29.5 |
| 방나 | 25 | 5.4 |
| 랏차다 | 12 | 2.6 |
| 프라람까오 | 16 | 3.5 |
| 방콕 | 227 | 49.6 |
| 기타 | 27 | 5.9 |
| 무응답 | 16 | 3.5 |
| **태국 이주 이유(중복 응답)** | **응답 수** | **퍼센트** |
| 새로운 사업 기회 | 108 | 25.9 |
| (한국의) 안보 문제와 정치 불안정 | 4 | 1.0 |
| (한국의) 과열 경쟁 | 10 | 2.4 |
| 본인 및 자녀 교육 | 85 | 20.4 |
| 보다 높은 삶의 질 | 44 | 10.6 |
| 해외 (파견) 근무 | 197 | 47.2 |

| 한국 직업 | 응답 수 | 퍼센트 |
|---|---|---|
| 육체노동 | 1 | 0.2 |
| 기술직 | 18 | 3.9 |
| 관리 사무직 | 76 | 16.6 |
| 판매 서비스직 | 40 | 8.7 |
| 공무원 | 22 | 4.8 |
| 주부 | 73 | 15.9 |
| 자영업 | 41 | 9.0 |
| 교육 연구직 | 36 | 7.9 |
| 학생 | 80 | 17.5 |
| 무직 | 27 | 5.9 |
| 기타 | 26 | 5.7 |
| 무응답 | 18 | 3.9 |

출처: 김홍구. 2014.「재태한인의 특성과 태국에 대한 인식」. 한국동남아학회.『동남아시아 연구』24권 3호. pp. 219-220.

**표 2 재태한인의 사회경제 특성**

(총 사례 수 458명)

| 학력 | 응답 수 | 퍼센트 |
|---|---|---|
| 중졸 이하 | 8 | 1.7 |
| 고졸 | 79 | 17.2 |
| 대재 이상 | 365 | 79.7 |
| 무응답 | 6 | 1.3 |

| 주 업종 | 응답 수 | 퍼센트 |
|---|---|---|
| 육체노동 | 4 | 0.9 |
| 기술직 | 13 | 2.8 |
| 관리 사무직 | 61 | 13.3 |
| 판매 서비스직 | 62 | 13.5 |
| 공무원 | 20 | 4.4 |
| 주부 | 96 | 21.0 |
| 자영업 | 52 | 11.3 |
| 교육 연구직 | 37 | 8.1 |
| 학생 | 61 | 13.3 |
| 무직 | 9 | 2.0 |
| 기타 | 36 | 7.9 |
| 무응답 | 7 | 1.5 |
| **소득 수준** | **응답 수** | **퍼센트** |
| 하 | 64 | 14.0 |
| 중하 | 44 | 9.6 |
| 중 | 209 | 45.6 |
| 중상 | 79 | 17.2 |
| 상 | 17 | 3.7 |
| 무응답 | 45 | 9.8 |

| 종교 | 응답 수 | 퍼센트 |
|---|---|---|
| 기독교 | 243 | 53.0 |
| 가톨릭 | 40 | 8.7 |
| 불교 | 74 | 16.2 |
| 힌두교 | 1 | 0.2 |
| 기타 | 93 | 20.3 |
| 무응답 | 7 | 1.5 |

출처: 김홍구. 2014. 「재태한인의 특성과 태국에 대한 인식」. 한국동남아학회. 『동남아시아 연구』 24권 3호. p. 222.

### 2) 이민정책과 법적 지위

재태한인들은 초국적 이중적인 삶에 적응하는 과정에서 비자와 워크 퍼미트work permit(취업비자, 노동허가증) 취득 및 갱신, 체류 연장, 24시간 내 거주지 신고 제도TM 30 등 이민정책에 관한 것을 어려운 점으로 꼽았다.

이민 및 비자는 출입국관리법Immigration Act에, 외국인의 취업은 외국인고용법Foreigner Working Act에서 규정한다.

태국은 다른 국가와는 달리 비자와 고용허가 제도를 별도로 운영하기 때문에 필요한 절차를 마치는 데 많은 시간이 소요되는데, 고용허가 취득 및 갱신을 위해 보통 2~3회 이민국을 방문한다.

1981년 우리나라와 태국 간에 비자면제협정을 체결해 90일간의 무비자 체류가 허용된다. 여행자는 질병 등 특별한 사유가 없는 한 반드시 90일 이내에 출국하여야 하며 체류 연장을 하려면 무비자 입국 후 3개월 이내에 태국 이민국에서 허가를 받아야 한다. 그런데 태국에 장기 거주하는 한국인 중에는 정식 비자를 발급받지 않고 캄보디아, 라오스, 미얀마 등 인근 국가로 출국했다가 재입국하는 방식으로 체류 기간을 연장하는 경우가 많다.

이것을 비자런visa run이라고 하는데 외국 정부에서 장기 체류를 할 수 있는 정식 비자를 발급받지 않고, 출입국을 반복하면서 체류 기간을 편법으로 연장하는 것을 말한다.

체류 연장 허가는 90일 해당 15일 전부터 7일 이전까지 가능하다. 이는 본인이 직접 신고할 경우이며 위임 또는 인터넷과 우편 신고는 7일 이전에만 가능하다. 필요한 서류는 본인 또는 위임의 경우 여권 원본과 신청서이며 우편 접수의 경우만 여권 사본을 보낸다. 등기우편으로만 접수 가능하며 10밧บาท 우표가 부착된 반송 봉투도 꼭 동봉해야 한다.

신고를 하지 않은 경우 벌금은 2,000밧이며 이민국에 적발될 경우 두 배인 4,000밧 벌금을 내야 한다. 벌금을 낸 이후에도 계속 90일 신고를 하지 않았을 경우 신고가 이루어지는 날짜까지 매일 하루 200밧의 추가 벌금을 내야 한다(교민잡지 2019. 07. 23.).

대부분의 한인은 영구적인 거주를 목적으로 태국에 거주하지 않는다. 시민권이나 영주권을 취득해도 실익이 별로 없고, 언젠가는 다시 돌아간다는 생각을 하고 있다.

따라서 대부분 영주권을 취득하려 하지 않고 손쉽게 체류 연장을 통해서 체류하는 방식을 택하는데 비자와 워크 퍼미트 갱신 및 체류 연장 시 불편을 겪고 있다고 이구동성으로 불만을 표출한다. 그 불만의 내용은 대략 다음과 같다.

노동허가증 신청과 비자 갱신 때 서류를 완벽하게 준비해 갔는데도 불구하고 다시 해오라는 경우가 비일비재하다.

구비서류가 점점 많아지고, 서류를 제출해도 담당자에 따라서는 또 다른 서류를 요구한다.

노동허가증과 비자를 1년에 한 번씩 받는데 굳이 3개월에 한 번씩 체류 연장을 하기 위해서 이민국에 가는 일이 번거롭기만 하다.

교육 비자를 받는데 준비서류가 너무 많고, 행정절차가 합리적이지 못하며, 뒷돈을 바라기도 한다.

심지어 대학생 복장불량을 훈계하기도 하고 이런 사실을 학교에도 통보한다.

체류 연장은 2016년부터 인터넷과 EMS를 통해서도 신청서류를 제출하는 것이 가능하기는 하다. 하지만 나이 든 사람들은 인터넷을 다루는 데 익숙하지 않아서 별 소용이 없으며, 인터넷으로 제대로 신고절차가 마무리됐나 하는 의심 때문에 사용하지 않는 경우가 많다. 따라서 번거롭지만 이민국을 직접 방문하게 된다.

이런 불만과는 달리 균형감각을 갖고 태국의 이민정책을 이해해야 한다는 견해도 있다.

예를 들어서 한국에 있는 외국인 노동자들은 한국의 필요성 때문에 한국에 온 것이며 한국 사람이 회피하는 일을 하는데도 까다로운 법규를 따라야 한다. 태국에 들어온 한국인은 태국보다는 한국의 필요에 의해 왔으며 태국 사람보다 사회 지위가 높은 일을 하고 있어서 태국인이 상대적 박탈감을 느끼게 된다. 따라서 다소 까다롭다고 여겨지는 이민정책을 이해해주어야 한다는 견해도 찾아볼 수 있다.

한편 태국은 2014년 5월 쿠데타 후 비자런을 이용해 체류를 연장하는 외국인에게 향후 3개월간 유예기간을 준 뒤 출입국을 금지하겠다는 방침을 밝혔다. 이에 해당하는 한인 중에는 오랫동안 태국에서 생활 터전을 일궈온 사람이 많았다. 합법적 체류 조건을 갖출 유예기간이 주어졌다고는 하지만, 영세업자나 취업비자가 인정되지 않는 직업 종사자(특히 한국인 여행 가이드)는 심각한 영향을 받게 된 것이다.

50세 이상의 사람들은 은퇴비자를 받아서 거주하기도 하지만, 최근에는 한인을 포함 외국인이 의무적으로 보험에 들도록 함으로써 태국 거주 조건이 점점 까다로워지는 상황이라고 볼 수 있다.[4] 비자를 받을 자격이 안 되는 사람들은 여전히 이민국에 뇌물을 주고 체류를 연장한다는 소문도 있다.

한편 여행 관계자에 따르면, 요즘 비자런 현상이 다시 생겨나고 있다고 한다. 소요 경비는 과거보다 다섯 배 정도 올랐는데(2,000밧에서 1만 밧으로). 보통 새벽(5시)에 방콕을 떠나서 2시간 정도 걸려 캄보디아 국경에 도착해 캄보디아로 입국해서 호텔에서 아침밥을 먹은 후 자유 시간을 갖고 오전 9시 30분경 다시 만나서 단체로 태국으로 넘어오게 된다.

24시간 내 거주지 신고 제도인 TM 30도 요즘 태국에 사는 교민들에게 큰 화제가 되고 있다. TM 30에 따르면 태국에 거주하는 외국인들이 태국을 벗어나거나 지방 출장 또는 여행을 갔다가 방콕으로 돌아오면 24시간 이내에 신고해야 한다.

이 제도는 1979년 태국 이민국에서 태국에 입국하는 외국인들의 소재 파악을 위해 시행했다. 하지만 당시에는 호텔이나 숙박업소에서 지내는 경우가 대부분이었고 더구나 장기간 태국에 머무는 경우가 그리 흔치 않았기 때문에 호텔에서 일괄적으로 일종의 숙박일지를 적는 것으로 대신했다. 예전에도 호텔 숙박을 위해 여

---

4 앞으로 태국에서 은퇴 생활을 하려는 외국인은 보험가액 4만 밧 이상의 의료보험에 의무적으로 가입해야 한다. 태국 보건부는 오는 31일부터 태국에서 1년 이상 머무는 50세 이상 장기 거주 외국인에게 의료보험 가입을 의무화하는 내용의 법안을 시행한다고 밝혔다. 이에 따라 태국에서 노후를 보내려는 외국인은 외래 4만 밧, 입원 40만 밧 이상의 보험금이 지급되는 의료보험에 가입해야 은퇴이민자용 비자로 불리는 'O-A' 비자(체류 기간 1년)를 받을 수 있다. O-A 비자는 장기 거주 외국인에게 발급하며 신청조건은 만 50세 이상, 예금 잔액 80만 밧 이상 또는 매월 연금수입 6만 5,000밧 이상을 보유하고 있어야 한다. 태국 보건부에 따르면 올해 O-A 비자 신청 건수는 9월 말 현재 8만 950건에 이른다. 태국 정부가 이처럼 외국인 은퇴이민자에게 의료보험 가입을 의무화한 것은 태국에 머무는 동안 병원 치료를 받고도 치료비를 내지 않은 채 귀국하는 외국인이 갈수록 늘어 병원의 손실이 커지고 있기 때문이다. 태국에서는 관광산업 진흥 차원에서 외국인 입국자에게 병원비가 없어도 우선 치료를 해주고 있다. 태국 보험업계는 치료비를 내지 않고 본국으로 돌아가는 외국인들로 인해 태국의 병원들이 연간 1억 밧의 손실을 보는 것으로 추정하고 있다. 『한국보험신문』 2019. 10. 27. (http://www.insnews.co.kr/m/news_view.php?firstsec=1&secondsec=15&num=59671).

그림 2 태국 출입국관리소에서 사람들이 길게 줄을 서고 있다

권을 복사해 첨부하는 것이 일반적이었기에 대다수 태국에 입국하는 외국인들의 소재 파악은 큰 문제가 되지 않았다.

하지만 상당수 외국인이 태국에 거주하며 또한 국적이 다양해 외국인 소재 파악이 거의 불가능해지자 최근 외국인의 TM 30을 강화하기로 결정했다.

TM 30은 사실 외국인이 거주하는 집이나 콘도 또는 아파트의 주인이 작성해야 하는 서류이다. 즉 집주인은 자신의 집에 거주하는 외국인이 처음 이사를 왔거나 아니면 지속적으로 거주하면서 해외 출장 등으로 인해 태국 밖으로 나갔다 다시 돌아왔을 경우 이를 신고해야 한다. 콘도의 주인이 외국인인 경우는 집주인인 외국인 스스로 24시간 이내에 신고해야 한다.

TM 30을 신고하지 않을 경우 법적으로는 집주인이 벌금을 내야 한다. 하지만 현실적으로 집주인이 벌금을 부담하면 다행이지만 그렇지 않을 경우 세입자가 내야 한다. 이는 해당 집에 사는 사람도 '집주인'으로 유권해석이 가능하기 때문이라고 한다. 벌금은 최소 800밧에서 최대 2,000밧이며 만일 불심검문 등으로 이민국 경찰에 직접 적발되었을 경우 두 배의 벌금 즉 1,600밧에서 4,000밧이 부과될 수 있다.[5]

---

5 https://www.immigration.go.th/

### 3. 시기별 한인의 이주와 정착 이야기

재태한인 사회 형성 과정을 살펴보면, 최초 세대(1930~1940년대)는 제2차 세계대전 중 일본군(징집병) 또는 군속으로 징용되어 태국 혹은 동남아 지역에 진출, 정착하였거나 일제강점기 시대 중국 등에서 거주하다 종전 후 태국에 이주한 사람들로 구성된다. 이후 의미 있는 역사적 맥락에 따라서 대개 3개 정도의 시기 구분—6.25전쟁 직후(1950~1960년대), 베트남전쟁 시기(1970~1980년대), 1980년대 중반 이후—이 가능할 것이다.

앞에서 언급한 바와 같이 초국가적 이주에 대한 많은 연구는 경제적 이유로 인해 더 나은 선진국으로 이동한다고 주장한다. 하지만 이 주장들은 재태한인의 이주와 같이 선진국에서 개발도상국으로의 이동이라는 방향성은 제대로 설명하지 못한다.

재태한인의 경우 대체로 1980년대 중반까지(정착형 이주자가 다수인 때)는 경제적 이유가 중요했지만 그 외 다양한 이유도 상존했다. 1980년대 중반 이후 '체류자 중심 이민 사회'로 변한 후부터는 이주 동기가 훨씬 다양해졌다. 경제적 동기 외에 태국 고유의 동기를 밝혀내면 기존 재외한인 연구의 이론적 지평을 넓히는 데 기여할 수 있을 것이다.

여기서는 시기별 한인의 이주 동기와 정착 이야기를 서술하고자 한다. 하지만 이러한 서술에는 분명한 한계점이 있다. 그것은 인터뷰하는 사람들의 기억의 한계, 동일인 또는 서로 다른 사람들 간의 엇갈린 증언, 자기 경험의 과장, 인용의 불명확성, 구전되어온 기록에 대한 진위 여부 때문이다.

### 1) 1930~1940년대

이 시기 한인의 이주 동기는 제2차 세계대전(일제강점기 시기)이라는 역사적 요인이 가장 컸다. 그 때문에 한인들은 망명하기도 하고 포로 감시원, 위안부, 학병 등으로 끌려갔다.

1964년 초대 한인회장을 역임한 이경손李慶孫은 조선을 떠나 중국으로 망명했다가 태국으로 건너간 대표적인 경우이다. 그는 시나리오 작가 겸 영화감독으로 한국 영화 초창기의 선구자적인 영화인으로 평가되며, 한국인이 만든 최초의 다방 '카카듀'를 경영한 인물로도 알려졌다.

그는 1926년 영화 소설 『백의인白衣人』을 『조선일보』에 연재하였는데 항일 색채를 띠었다고 해서 일제의 극심한 핍박을 받았다. 1931년에 상하이로 망명하여 김구를 만나 임시정부에서 활동했으며, 한국인으로서는 처음으로 중국 영화 〈이원염사梨園艶史〉를 감독하기도 했다. 그러나 1932년 윤봉길 의거로 쫓기는 몸이 되자 일본군을 피해 태국으로 탈출하였다.

이경손은 초기에 방콕과 말레이 국경을 전전하며 화교학교에서 영어를 가르쳐 생활하였다. 반일 성향의 태국 신문사에서 비서일을 한 (중국계) 태국 여성에게 태국어를 배웠고, 또 그녀에게 중국어를 가르쳐주다가 두 사람은 사랑이 싹터 결혼하였다(김영애 2008: 253-254).

제2차 세계대전이 끝난 후 이경손은 사업가로 변신했다. 그에 대한 기록물로는 1966년 『신동아』에 연재한 「방콕 생활 40년」이 있다.

재태한인 최초의 세대들 50여 명이 모여 1964년 '야자수회'를 조직했고 이경손이 초대 교민회장으로 선출되었다. 부회장은 유엔 기구에서 일하던 김석건, 해운공사 태국 지사장이었던 진기복은 초대 감사직을 맡았다. 이 조직은 '재태국 대한민국 교민회(초대 교민회장 이경손)'를 거쳐 현재의 사단법인 재태국 한인회The Korean Association In Thailand로 명칭이 바뀌면서 태국에 거주하는 한국인 모두가 회원의 자격을 갖게 되었다(김석건 인터뷰).

동남아 지역에 한인들이 대규모로 진출하게 된 것은 일제의 강제동원 때문이었다. 1941년 12월 태평양전쟁을 일으킨 이후 전장이 확대되면서 일제는 한인들을 전쟁터로 끌고 나갔다. 1944년경까지 동남아 지역에는 포로 감시, 공사 작업 노무 등에 종사하는 한인들의 수가 3만 명을 넘었다고 한다.[6]

태국은 1941년 12월 21일 일본과 군사동맹을 체결하고 다음 해

---

6 태평양전쟁이 한창이던 1942년, 『매일신보』에는 포로수용소 감시원 모집 광고가 실렸다. '모집! 포로감시원. 거듭되는 반도 청년의 영광, 군속으로 수천 명 채용' 대상은 20~25세 민간인으로 표면상은 지원이었으나 행정 관리와 순사를 동원해 강제로 모집했다. 지원이란 이름표를 단 징용이었다. http://news1.kr/articles/?2374568 (검색일: 2018. 03. 16.)

1월 25일 영국과 미국에 선전포고를 했다. 전쟁 기간 중 일제의 영향하에 있던 태국은 일본군의 전쟁물자 수송을 위한 육상 철도 건설에 협조하게 된다.

이른바 죽음의 철도로 알려진 태국-버마 간 철도는 1942년 9월 16일 태국 깐짜나부리กาญจนบุรี에서 시작되었다. 태국과 버마 사이의 415킬로미터에 걸쳐 건설된 태면泰緬 철도에는 연합국 포로 5만 5,000명이 동원되었고 그중 1만 3,000명이 사망했다.

이를 소재로 한 영화가 〈콰이강의 다리The Bridge on the River Kwai〉(1957년 작)이다. '콰이'는 타이어로는 '쾌แม่น้ำแคว'로 발음한다. 일제는 연합군 포로수용소의 감시요원으로 한국인을 강제동원해 이곳 콰이강의 다리 건설 현장 포로수용소에도 배치했다.

김주석金周奭은 태평양전쟁 기간 중 포로 감시원으로 태국에 끌려간 인물이다. 태국에 배치된 감시원들은 주로 콰이강의 다리 건설 현장인 깐짜나부리 인근의 포로수용소에 배치되었다. 건설 공사 현장이 아닌 치앙마이 포로수용소 분소에 감시원으로 배치되었던 김주석은 영국 포로 네 명과 함께 탈출을 감행함으로써 일본군에 대한 저항과 연합군 포로에 대한 인간적인 대우를 몸소 실천했다.

그는 추적하는 일본 헌병대에 체포된 후 방콕으로 압송되어 총살당한 비운의 주인공이다(국가보훈처·독립기념관 2006: 89-91).

제2차 세계대전과 관련해 노수복은 빼놓을 수 없는 인물이다. 그녀는 21세의 나이로 우물터에서 빨래하던 중 일본 경찰에 의해 강제로 싱가포르에 위안부로 끌려갔다. 제2차 세계대전 말기에 말레

그림 3 '죽음의 철도'라 불리는 콰이강의 다리에는 수많은 전쟁포로의 피가 묻어 있다

이시아로 옮겨졌고, 종전 후에는 말레이시아 수용소에 수감되었다가 태국 남부 핫야이로 탈출한 후 중국계 남성과 결혼했다. 하지만 위안부 생활의 후유증으로 아이를 낳지 못했고, 남편은 두 번째 부인을 맞아들여 아들을 갖게 되었으나 노수복은 그들과 함께 살았다고 한다.

일본 『아사히신문』의 기자 마쓰이 야요리가 1984년에 싱가포르 특파원으로 갔을 때 핫야이에서 노수복을 만나 인터뷰를 하고 "많은 인터뷰를 해봤지만 그것은 가장 가슴 아픈 인터뷰였다. 위안부 생활의 후유증으로 아이를 낳지 못한 채 어려운 생활을 하고 있었다"고 보도함으로써 그녀가 한국인에게 알려졌다(김영애 2008: 206).

노수복의 사정이 한국에 알려지자 한국 정부는 그녀의 귀국을 도와 40여 년 만에 고국을 일시 방문하기도 했다. 한국 정부는 친동생을 만나도록 주선했다. 한국말을 거의 잊어버렸지만 어린 시절 살았던 주소와 아버지와 동생의 이름을 잊지 않고 있었고, 민요 〈아리랑〉과 〈도라지〉를 또렷이 기억했다. 생일을 잊은 그녀는 8월 15일 광복절을 생일로 삼기도 했다.

노수복은 2011년 태국에서 별세했으며 유골은 경상북도 예천군 선산에 안장되었다.

노수복과 비슷한 처지의 일부는 제2차 세계대전이 끝난 뒤에도 태국에 남아 자의 반 타의 반으로 태국인들과 결혼했으며 오늘날 2만여 명에 이르는 재태한인의 1세대가 되었다.

**표 3 한인회 역사**

| 구분 | 성 명 | 재직 기간 | 주요 사업 |
|---|---|---|---|
| 초대 | 이경손 | 1964 | 야자수회 |
| 제2, 3, 4대 | 박재기 | 1965~1969 | 한인 토요학교 설립, 박정희 대통령 방태 |
| 제5대 | 진기복 | 1970~1971 | |
| 제6, 7대 | 박재기 | 1972~1975 | |
| 제8대 | 림진동 | 1976 | |
| 제9, 10대 | 박재기 | 1977~1980 | 쑤쿰윗 써이 18 한인회관 건물 구입 |
| 제11대 | 김석건 | 1981~1982 | 전두환 대통령 방태, 한인회관 건물 등기 |
| 제12, 13대 | 손병순 | 1983~1986 | |
| 제14대 | 김진혁 | 1987~1988 | 한인회 사단법인 등록 |
| 제15대 | 손병순 | 1989~1990 | |
| 제16대 | 임완근 | 1991~1992 | |
| 제17대 | 강규진 | 1993~1994 | 교민 화합 체육대회 개최, 한인회 재정 안정화 |
| 제18, 19대 | 안홍찬 | 1995~1998 | 김영삼 대통령 방태, 교민회칙 개정 '재태한인회'로 명칭 변경 |
| 제20대 | 최도윤 | 1999~2000 | 방콕 한국 국제학교 설립 추진 |
| 제21, 22대 | 전원수 | 2001~2003 | 정관 개정(회장 선출 간선제), 방콕 한국 국제학교 교사 신축 |
| 제23대 | 송기영 | 2003~2004 | 한국 국제학교 건립, 교육인적자원부 인가 완료 |
| 제24대 | 김장열 | 2005~2006 | 한인문화회관 재정비, 쓰나미 구호성금 모금활동 전개 |

| 第25代 | 전용창 | 2007~2008 | 한인 50년사 · 한인 주소록 발간,<br>한 · 태 화합 코리안 페스티벌 개최 |
|---|---|---|---|
| 第26代 | 김도연 | 2009 | |
| 第26代 | 박종각 | 2010 | 씨리턴 공주 한인상가 방문, 수재 의연금 전달 |
| 第27代 | 김형곤 | 2011~2012 | 방콕 대홍수 구호품 및 성금 모금,<br>6.25전쟁 참전용사 마을 방문 |
| 第28代 | 채언기 | 2013~2014 | 제1회 태국한인청소년미술대회 및 백일장 |
| 第29代 | 채언기 | 2015~2017 | 광복 70주년 재태한인 행사 |
| 第30代 | 임부순 | 2017~2018 | |
| 第31代 | 황주연 | 2019~2020 | 문재인 대통령 국빈 방문 |
| 第32代 | 전용창 | 2021~현재 | |

1965년 제2대 한인회장으로 추대되어 10여 년간 한인회장을 역임한 박재기(2, 3, 4대 1965~1969/6, 7대 1972~1975/9, 10대 1977~1980)는 태국에 학병으로 끌려온 인물이다. 그는 콰이강의 전투에 참전하였고 종전 후 태국에 살면서 일본의 기술을 도입하여 식수 정화 사업을 하고, 한인 토요학교 설립, 쑤쿰윗 써이 18에 있는 한인회관 건물 구입 등 한인들을 위해 괄목할 만한 일을 하였다.

박재기는 이민 초기부터 한인 사회의 발전과 한인들의 어려움을 보살핀 공로가 인정되어 1998년 1월 22일에 김영삼 대통령으로부터 국민훈장 목련장을 받았다.

표 4 한인회 조직도

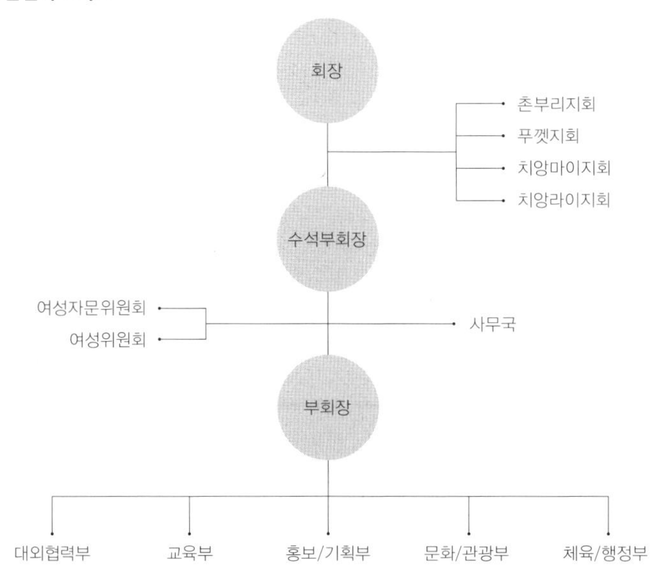


이와 같이 이주의 동기—망명, 포로 감시원, 위안부, 학병 등—는 다양했지만 재태한인의 최초 세대가 태국에 거주한 것은 경제적 이유가 컸다고 볼 수 있다. 여러 가지 동기로 태국으로 건너온 사람들은 제2차 세계대전이 일본의 무조건 항복으로 끝났지만 귀국하지 않았다. 그 이유는 태국은 '곡물창고'라고 불렸을 정도로 식량 사정이 넉넉했기 때문이다. 그래서 태국에 눌러앉은 사람들이 1세대 한인이 된 것이다(김석건 인터뷰).

그림 4 쑤쿰윗 써이 18에 있는 한인회관, 재태한인의 역사를 담고 있다

### 2) 1950~1960년대

이 시기의 이주 동기는 6.25전쟁, 전후 국가 건설 과정에서 해외 진출 시도 및 해외이주법 제정 등을 들 수 있다. 6.25전쟁 이후부터(1950~1960년대) 교민 사회의 인적 구성이 다양화되기 시작했다. 선교사, 연예인, 유학생, 유엔 기구 직원, 건설회사 직원, 여행·호텔업자 등이 최초로 진출했다.

그 이유는 전후 재건기에 본격적인 국가 건설 과정에서 해외 진출이 시도되었기 때문으로 볼 수 있다. 또 1962년 한국 정부는 '인구 조절과 경제 안정을 도모하고 국제 교역을 확대하기 위해' 법령(해외이주법)을 공포하고, 해외 이주를 전면적으로 통제·관리하기 시작한다.[7]

해외 이주자의 규모는 1962년 연간 386명이던 것이 1970년에 1만 6,268명이 되었으며, 그 정점에 달한 1976년에는 4만 6,533명까지 증가했다. 해외이주법을 공포해 이민정책을 수립한 것은 태국으로의 이주를 활발하게 만든 한 요인이 되었다고도 볼 수 있다.

6.25전쟁과 직접적 관련을 갖는 인물은 최창성이다. 6.25전쟁 당시 초등학교를 갓 졸업하고 부산으로 피난 온 그를 전쟁고아로 여긴 태국군 장교가 입양했다. 이후 29세가 될 때까지 태국에서 생활

7 해외이주법은 '국민을 해외에 이주시킴으로써 인구를 조절하여 국민 경제의 안정을 기함과 동시에, 국위를 해외에 선양'한다는 목적 아래 이주 자격, 이주 금지국, 이주 형태 등 이주 조건을 자세하게 규정하고 있다.

했고 한국에 돌아와 한국외국어대학교 태국어과 교수가 되었다. 그의 태국 이름은 차안 잉짜른이다.

어린 시절을 태국에서 지낸 그의 태국어 실력은 원어민에 가까울 정도로 유창하다. 그는 수양아버지의 도움으로 중·고등학교와 교원대학교를 졸업하고 주태 한국대사관 무관실에 취직했다. 그리고 주말이면 대사관 뒤뜰에서 교민 자녀를 위한 한글학교에서 태국어를 강의했다.

그가 태국에 있을 때 그와 같이 한국어와 태국어를 능숙하게 구사할 수 있는 사람은 거의 없었다. 교수가 된 후(1966년 2학기)에는 태국어과 기초 교재 편찬, 한태 및 태한사전 집필, 체계적 교육 과정 개발, 태국어과 연수 프로그램 개설 및 운영, 태국학회 창설, 태국학회논총의 등재지화, 정상회담 통역, 태국 대학교 내 한국어학과 설립 지원, 태국인을 위한 한국어 교재 편찬, 태국 대학교들과 문화교류 협정 체결, 태국 왕실의 문화교류 훈장 수상 등 수많은 업적을 쌓았다. 그는 이런 일들을 최초로 해낸 인물로 한국 태국학계의 태두요, 역사로 기억된다(박경은 2016).

태국 최초의 선교사인 최찬영 선교사는 1955년 4월 24일, 태국 선교사로 파송 받았으나 당시 해외여행이 자유화되지 않아 비자 문제 때문에 정작 그가 태국 땅을 밟은 것은 그다음 해인 1956년 6월 4일이었다. 태국 기독교 총회가 마련해준 방콕 시내 한 중국인 교회 3층 종탑건물 제일 윗방, 부엌도 없는 단칸방에 살면서 한국 첫 선교사로서 태국의 삶을 예수님과 같이 겸손하게 시작했다.

그러고 보면 한국의 기독교 포교 시기는 양국 간 외교관계가 수립된 1958년보다도 2년이나 빨랐다. 그의 태국 사랑은 남달라 태국어를 배운 지 1년 만에 태국어 명설교가名說教家가 되었으며, 아시아인으로는 최초로 태국과 라오스 성서 공회 총무로 취임될 정도(1962. 6. 1.)로 지도력이 탁월하였다.

1957~1960년까지 태국 선교부에 속한 제6노회 산하 방콕 제2교회 태국인 교회 담임 목사직을 맡아 활동하였고, 그후 잠시 방콕 기독병원 원목도 하였다. 그러나 그의 가장 큰 업적은 동남아를 비롯하여 아시아 태평양 전역에 성서 반포를 크게 이룬 것이다(1971).

이후로도 필리핀에 상주하며 아시아 전역의 성서 반포에 힘썼으며 1978년 아시아 태평양 지역 총무로 취임해 홍콩에 상주하여 1992년 정년퇴임할 때까지 아시아 지역에서 성서공회 사역에 크게 공헌하였다(김용섭 2012: 233-238).

김순일 선교사는 1956년 11월에 파송되어 태국 선교의 길을 개척했다. 최찬영 선교사가 방콕에 머물면서 선교활동을 한 것과는 달리 김순일 선교사는 언어 훈련이 끝난 뒤 북쪽 지역으로 갔다. 특히 북쪽 치앙라이에 있는 제2노회의 순회 목사로 태국 교역자들과 함께 정글 속의 마을을 찾아 전도하였고, 한때 제2노회장으로 제2노회 산하 교회 전도 부흥에 힘썼다.

김 선교사는 1969년까지 선교활동을 하다 1970년부터는 대한예수교장로회(합동) 총회 선교사로서 당시 국제 선교 협력 기구 동남아·태평양 지역 총무를 맡았다. 1971년 방콕 한인 연합교회를 설립하였고, 후임으로 신홍식 선교사를 초청하여 담임목사 사역을 하게 하고 미국 풀러 신학대학원에서 유학(1972~1974)하였다. 돌아온 그다음 해인 1975년에는 한국의 동서선교개발연구원 사역을 맡기 위하여 19년간의 선교사역을 마감하였다(김용섭 2012: 233-238).

전라남도 구례 출신 김석건(한인회 11대 회장, 1981~1982)은 부흥부 촉탁으로 들어간 후 경제기획원에서 근무했는데, 태국의 유엔 기구(아시아극동경제위원회ECAFE, 후일 아시아태평양경제사회위원회ESCAP)에서 사람을 구한다는 소식을 접해 서울대학교를 다닐 때 전공한 농업경제에 대한 실무를 쌓아서 한국의 경제 개발에 기여하고 싶다는 생각에 지원했다. 1964년 4월에 태국에 들어온 뒤 30여 년을 태국의 유엔 기구에서 일했다. 그는 부국장 자리까지 오른 후 퇴임했으며 이후에도 시니어 컨설턴트로 일했다. 당시 한국인으로서는 최초로 유엔 기구 최장수 근무자였을 것이다. 1927년생인 그는 현재도 재태 서울대학교 총동창회 명예회장직을 맡고 있다(김석건 인터뷰).

그가 일찍이 국제무대에서 활약할 정도의 영어 실력을 갖추었던 것은 고등학교 시절에 외국인 선교사 집에서 영어로 성경공부를 했기 때문이라고 한다.

내가 영어에 관심을 가지고 공부한 건 시골에서 고등학교를 다닐 때 영어로 성경공부를 하면서부터입니다. 물론 학과 과목 중에서 영어에 취미를 느껴 다른 과목보다 더 열심히 공부하고 학생웅변대회에도 나가 우승을 했지요. 그러나 본격적으로 영어 실력이 향상된 것은 당시 선교사 집에서 영어로 같이 성경공부를 하면서부터라고 생각합니다. 학교에서는 문법 위주로 영어를 배웠기 때문에 외국인과 영어로 말할 기회가 거의 없었지요. 그런데 선교사와 같이 영어로 성경에 대해 서로 의견을 나누며 지내다 보니 쉽게 영어가 입에 붙었습니다. 지금도 그때를 생각하면 하느님께서 나를 붙잡고 영어를 가르쳐주신 것이라고 믿습니다. 그렇게 해서 나는 하느님께서 원하시는 대로 더 넓은 무대에서 마음껏 이상을 펼칠 수가 있었습니다.

- 김석건 인터뷰

그는 교민 사회 2세 교육의 중요성을 평소에 강조했으며 그 실천에도 앞장섰다. 한국인 교민의 수가 늘어남에 따라 김석건은 최창성과 함께 1964년에 한국대사관 빈 공간 한쪽에 '교민학교' 간판을 걸고 토요학교를 열었다. 한글을 아는 교민 자녀에게는 국사와 국어, 산수 교육을, 한국어를 모르는 제1세대의 부인들과 그 자녀들에게는 한국어를 가르쳤다.

당시 태국에는 자라나는 우리 2세들을 교육시킬 학교가 없었습니다. 임시변통으로 대사관의 차고 안에다 칠판을 걸어놓고 한글교육을 시작했지요. 그러던 차에 1966년 3월에 박정희 전 대통령께서 태국을 방문하셨습니다. 대사관에서 브리핑을 마친 다음 학교 이야기가 나와 내가 그때 실시하고 있던 한글교육 학교 현황에 대해 보고를 드렸지요. 그랬더니 박 전 대통령께서는 깊이 감동하는 모습을 보이면서 내게 600달러를 별도로 쥐어주시는 것이었습니다. 지금도 그때 내 손에 달러를 쥐어주시던 박 전 대통령의 모습이 훤하게 떠오릅니다. 요즘이야 그 정도는 목돈이라고 생각되지 않겠지만 당시만 해도 그건 큰돈이었습니다. 지금 우리가 '십시일반'하여 세운 방콕 국제학교는 그런 우리 교민들의 소망이 모여서 이뤄진 것입니다.

- 김석건 인터뷰

김석건과 같이 공직을 떠나 태국에서 근무한 또 다른 이는 지백산이다. 공무원이었던 지백산은 공직을 떠나 태국에 정착한 경우이다. 그는 쌀 구입 문제로 태국에 갔다가 태국 명예 총영사로 임명됐다. 주태 한국대사관 참사관을 역임하다가 1960년에 사직하고 곡물 중개상을 하며 부를 쌓았는데, 주로 홍콩과 방콕을 오가며 활동했다. 태국인 여성과 결혼한 당시 다른 부부와 달리 영어로 의사소통을 한 인텔리 부부로 정평이 나 있었다고 하며, 한국에 오면 이승만 대통령을 만나는 등 거물급 교포 실업가였다고 이윤재 피죤(주) 회장은 『이코노미스트』에서 회상하고 있다.

관광호텔 사업의 예는 이종혁을 들 수 있다. 이종혁은 1967년 방콕에 도착했다. 당시 둘째 형이 태국 무관으로 재직하고 있었다. 그는 태국에서 차를 임대하여 여행업을 시작하다가 1968년에 라자호텔에서 기념품점도 운영하였다. 베트남 참전군인들이 토요일과 일요일에 태국으로 놀러 왔으므로 관광업은 잘되었다.

이후 이종혁은 한국인 기업가들과 함께 원목 중개무역을 하기도 했다. 관광객이 증가하고 중동붐이 불면서 방콕을 거치며 오가는 한국인의 수가 증가하였다. 중동으로 건설 기술자가 나가고 독일에 광부와 간호사가 진출하던 시기였다. 이들은 그때만 해도 방콕에서 비행기를 갈아타야 했는데, 때맞춰 이종혁의 기념품점도 번창하게 되었다.

이종혁은 1978~1988년까지 맨하탄 호텔을 장기임대하여 운영하며 사업을 확장했다. 현재는 쑤쿰윗 플라자에서 기념품점 리스토어 Lee Store를 경영하고 있다(이종혁 인터뷰).

맨하탄 호텔 관리자였던 안홍찬은 원래 호텔맨으로 웨스턴 그룹인 조선 호텔에서 오랜 기간 잔뼈가 굵었던 인물이며, 서린 호텔을 지을 때는 창설요원으로 참여하여 호텔의 기본 골격을 만들기도 했다. 그러다가 해외로 눈을 돌려 호텔 사업을 시작한 게 방콕의 맨하탄 호텔이었다(재태국 한인회 b. 2008).

> 당시 방콕에는 오리엔탈 호텔 등 몇 개 디럭스 급을 빼면 거의 모두가 러브호텔 수준이었어요. 그도 그럴 수밖에 없는 것이 당시 호텔이라고 하면 태국에 휴가를 온 미군 장병들이 잠깐 쉬어가는 곳 정도로 인식했으니까요. 그때 뉴펫부리 지역 일대는 거의 홍등가로 변했습니다.
> 쑤쿰윗 써이 15에 있는 맨하탄 호텔은 객실이 200여 개 정도였는데 위치도 쑤쿰윗을 끼고 있어서 손님 유치에 유리하다고 판단했습니다. 곧바로 호텔 인수 작업을 했지요.
> 서울 플라자 호텔에서 객실부장을 하던 분과 손을 잡고 본격적으로 호

그림 5 리모델링한 맨하탄 호텔

텔 영업을 시작했습니다. 우선 대한항공 승무원들의 지정 호텔로 선정을 받았습니다. 음식 솜씨 좋은 요리장을 한국에서 특별 채용하여 한식당을 운영했습니다. 그때 맨하탄 호텔의 해장국과 설렁탕 맛을 지금도 잊지 못하겠다는 분들도 많답니다. 그 뒤 유럽 마케팅을 시작했지요.

그 결과 1978년, 1979년 두 해는 연속으로 객실 점유율이 100퍼센트를 초과했습니다. 호텔에 오는 손님을 다 수용하지 못하니까 일부는 다른 호텔로 보내야 했습니다.

- 재태국 한인회 b, 2008

1960년대 경제사 또는 해외 건설사에서 빼놓을 수 없는 사실은 현대건설이 한국 기업으로서는 처음으로 해외에 진출했다는 사실이다. 현대건설은 태국 남부의 국도 일부 구간의 건설을 수주 받는데 성공하여 해외 진출 1호가 되었다.

현대건설은 1966년에 빳따니-나라티왓 구간 105킬로미터를 완공했는데, 이 도로 건설은 현대건설을 세계에 알리는 계기가 되었다. 현재까지도 가장 잘 만든 도로로 정평이 나 있기 때문이다.

그 당시 김정업, 안교욱 등이 건설 현장에 있었고 현장의 경리 담당이 이명박이었다고 한다. 1960년대 중반에 현대건설의 정주영, 정세영, 정인영 등이 모두 방콕을 왕래하였고, 정세영은 초대 방콕 지점장을 맡았다.

태국에서 철수할 당시 방콕 지점에는 진수명이 있었다. 그는 현대건설이 장비와 자재를 완벽하게 철수시킨 후에도 한동안 방콕에 머무르며 태국 여성과 결혼했다. 후에 장난감 미국 수출로 부를 쌓았다.

진수명은 고려대학교 동기, 현대건설 입사 동기, 태국 발령을 같이 받는 등 이명박과 기이한 인연을 맺고 있다. 후에 현대건설은 태국의 서북부에 있는 딱-턴 구간의 도로공사도 맡게 되었다. 이 도로 건설 경험으로 현대건설은 한국에서 경부간 고속도로 건설에 참여할 수 있었으며, 이어 베트남 캄란만 준설 공사, 알래스카협곡 교량공사 등 해외공사 수주에 성공했고, 중동 진출의 토대를 마련했다(김영애 2008: 271-273).

이 시기에 한국 문화는 태국에 거의 알려지지 않고 일본 문화와 중국 문화의 그늘에 가려져 있었다. 이종화는 1960년대 초에 한국에서 히트했던 영화 〈성춘향〉을 수입하여 태국에서 상영하였으나 실패하고 말았다.

이외에 1960년대에 일시적으로 태국에 머물면서 연예활동을 했던 사람들이 있었다. 대표적인 인물로 강철구가 있다. '깡완 촌라꾼'이라는 태국 이름을 가진 그는 지금까지 태국 서양음악의 수준을 한 단계 높인 인물로 평가받고 있다. 색소폰 연주로 유명했고 푸미폰 국왕의 음악고문을 맡는 등 활발한 음악활동을 하였다.

혼성 4인조 그룹 코리아나Koreana는 1970~1980년대 중동과 유럽에서 유명해져 1988년에는 서울 올림픽의 주제가인 〈손에 손잡고Hand in Hand〉를 불렀고, 이어서 〈우리는 하나We are One〉라는 노래를 부르며 2002 서울월드컵 홍보대사, 2003년 전국 장애인 홍보대사직을 맡아 한국 홍보에 앞장섰다. 이 그룹의 이용규와 이승규는 자녀들과 함께 1968년경부터 약 4년간 '식스 코인스Six Coins'라는 이름으로 방콕을 중심으로 동남아에서 활동했다.

이 같은 일부 인사들의 연예활동이 태국을 중심으로 이뤄진 것은 당시 베트남월남전쟁과 관계가 있다(김영애 2008: 273-274; 김석건 인터뷰).

한국의 연예인들이 태국에서 활동을 한 데는 음악가들이 크게 존경을 받는 태국의 사회적 분위기도 한몫을 한다. 스타 더스트 클럽 밴드 마스터와 유원타이 건설회사 전무를 지낸 박춘규는 다음과 같이 증언하고 있다.

제가 태국과 인연을 맺은 건 동남아 순회공연을 하면서였지요. 1963년 7월에 동남아 순회공연단의 일원으로 활동했습니다. 태국을 시작으로 해서 말레이시아, 싱가포르, 인도네시아 등지를 돌면서 공연한 뒤 다시 태국으로 돌아오는 여정이었지요. 그때만 해도 제가 태국에 남아 살게 될 줄은 미처 몰랐지요. 태국의 국왕께서는 음악을 전공하신 분으로 유명합니다. 국왕께서 직접 작곡하신 곡만 해도 600곡이 넘으니까요. 국왕께서는 그렇게 많은 곡을 손수 작곡하셔서 그걸 국민에게 하사하셨습니다. 그래서 태국 국민은 국왕께서 작곡하신 곡들을 거의 다 외울 정도였죠.

그중에는 외국인들에게도 잘 알려진 〈H.M. 블루스〉, 〈쌩드언〉, 〈싸이폰〉 같은 곡들도 있습니다. 〈H.M. 블루스〉는 전 세계인의 사랑을 받는

곡입니다. 암스트롱이나 대니 굿맨 등 세계적으로 유명한 재즈 연주자들이 태국을 방문했을 때 국왕 앞에서 직접 이 곡을 연주하여 큰 갈채를 받은 적도 있습니다. 국민이 가장 존경하고 사랑하는 국왕께서 그렇게 음악에 조예가 깊으시니까 일반 국민도 음악을 무척 좋아하는 편입니다. 악단의 단장이나 밴드 마스터가 되면 주위 사람들로부터 대단한 존경을 받지요. [...]

동남아 순회공연을 마치고 한국으로 귀국할까 하는 참인데 자꾸 태국 생각이 났습니다. 음악가들에게 대한 일반 국민의 사랑이 너무 부러웠어요. 요즘은 우리나라 국민도 음악을 사랑하는 층이 두터워지고 음악에 대한 개념도 많이 달라져서 음악가들이 사회적으로 크게 존경을 받는 분위기입니다. 그러나 제가 음악을 할 때만 해도 누가 음악한다고 하면 별 볼일 없는 사람으로 쳤거든요. 그러다 보니 음악가에게 깊은 존경을 바치는 태국의 분위기가 정말 마음에 들었습니다. 그게 1963년 말에 제가 태국에 오게 된 동기였습니다.

- 재태국 한인회 b, 2008

방콕에 한국 음식점도 생기기 시작하였다. 이경손이 교민회장 당시 교민 6명이 돈을 모아 교민 사교장이며 클럽으로, 한국 요리점 '코리아 하우스(주)'를 시내에 만들었다. 대한항공이 한국 항공사로서는 처음으로 1969년에 취항하고 방콕 사무실을 개설하면서 음식점 경영이 활기를 띠었다. 대한항공은 1969년 9월 서울·오사카·타이베이·홍콩·사이공·방콕 노선을 개설했다.

### 3) 1970~1980년대

베트남전쟁은 재태한인 사회의 발전에 또 다른 계기로 작용했다. 우리나라가 베트남전쟁에 참전하고 있을 때 태국은 파월 장병들의 공식 휴가지였다.

> 당시 우리나라 군인들이 베트남전쟁에 참전하고 있을 때 일입니다. 그 때 주월 한국군의 총사령관은 채명신 장군이었지요. 채 사령관은 파월 장병들의 사기를 북돋워주기 위해 방콕의 에라완 호텔에서 장병 위문 공연을 가진 적도 있습니다.
>
> \- 김석건 인터뷰

한국은 아시아에서 공산주의 위협에 공동 대응한다는 명목하에, 1964년 9월 22일부터 시작해 1973년 3월 단계적으로 철수하기까지 8년여를 참전했다. 그 기간 동안 한국인 기술자들이 군사 지원 업무를 수행하기 위해 베트남에 취업했다.

베트남전쟁 세대(1970~1980년대)들의 이주 동기는 경제적 이유를 들 수 있다. 베트남에 한국의 건설회사, 토건회사, 군납회사, 운송회사들이 연이어서 진출함으로써 후에 태국 진출의 교두보가 되었는데, 한국인 기술자들은 한진, 현대, 삼환기업 등 한국 기업들과 빈넬Vinnell, 태평양 건설·엔지니어사PA&E 등 미국 기업들에 취업해서 준군사적인 경제활동을 통해 개인의 경제적 이득을 취했고 동시에 한국의 경제 발전에도 기여했다.

베트남전쟁 경기가 침체되면서 한국인들은 태국으로 옮겨왔다. 또 태국을 징검다리로 삼아서 중동과 호주로 진출하는 등 국제적인 경제활동을 하는 한국인의 수가 늘어났다.[8]

베트남전쟁 세대들의 이주는 그 시기 이주의 특징을 잘 보여준다. 베트남에서 태국으로 이주해와 그대로 거주한 경우도 있으나 이어 다른 나라로 연속 이주한 후 다시 태국으로 이주해와 재정착하는 사례도 많았다.

강규진(제17대 한인회장, 1993~1994)은 1971년 태국으로 건너왔다. 원래 한국에서 미국계 선박회사에 근무했다. 베트남으로 간 후 캄란만에 있는 미군부대 군수물자 하청회사인 빈넬의 인사와 경리 파트에서 일했다. 태국을 거쳐 중동에 가서 식품사업도 하고, 다시 태국으로 돌아와서는 일본 관광회사에 취업해 가이드 생활도 했다. 이후 한·태 합작회사를 만들어서 주석을 한국에 수출하는 사업을 하기도 했다. 그와 오랜 세월을 같이한 지인은 북한에서 대한민국으로 월남한 후 베트남으로 가서 그와 같은 회사에서 근무한 적이 있으며 이란, 쿠웨이트로 이주해서 일하다가 다시 태국으로 돌아왔다(83세, 남성, 교민 원로).

8 1960~1970년대에 호주에서 일기 시작한 광산 개발붐으로 생겨난 고용기회를 찾아서 한인들은 호주로 이주하기 시작했다. 1972~1975년 사이에 500여 명에 이르는 파월 기술자, 현역 제대 취업자들이 대거 호주로 이주했다(박병태 2008).

제1세대에 이어 태국에 온 사람들은 베트남전쟁이 끝난 후 베트남에서 이주한 사람들이다. 베트남전쟁이 끝나자 중동에 건설붐이 일었다. 베트남에서 주재하던 많은 한국인은 일단 태국에 건너온 뒤 중동이나 미국으로 갔고 일부는 그대로 태국에 정착하기도 했다.

- 강규진 인터뷰

공무원 출신이었던 김형곤은 베트남에 나가 있던 대훈산업 건설회사 지사에서 근무했으며, 1975년 4월 29일 월남 패망 하루 전에 태국으로 빠져나왔다가, 6월에 이란으로 건너가서 5년 5개월을 거주했다. 이란에서는 한인회 사무총장을 지냈다.

1979년 1월 호메이니가 주도한 혁명의 승리로 팔레비 왕조가 붕괴했다. 그때 요르단으로 가서 2년 거주하면서 사업을 했고 1983년에 다시 태국으로 돌아와서 맨파워manpower 사업을 시작했다.

당시 태국 노동자 소개 커미션이 아주 좋았다. 1인 700달러를 받아 007 가방에 채워진 것을 보고 가슴이 벌렁댔다. 하지만 나는 몰라서 적게 받은 것이고 어떤 사람은 3,000달러까지 받기도 했다. 상대방에서 주는 대로 받은 것이 700달러였는데 내심으로는 200~300달러 받을 줄 알았다. 사정을 몰라서 그랬던 것이지만 그 때문에 나는 다른 사람들에게 신용을 얻었다.

- 김형곤 인터뷰

그는 한태상공회의소 소장, 제27대 한인회장(2011~2012)과 노인회장을 역임했다. 1989년 이후 항공사 총판대리점을 운영하고 있다.

태국에 태권도가 들어온 것은 베트남전쟁에 참전한 미군과 관련이 있다. 1966년 태국에 주둔한 미군부대를 상대로 태권도 시범을 보였던 것이 계기가 되어 한국에서 쟁쟁한 6명의 태권도 유단자 사범들이 태국에 들어왔다. 그들은 주로 미군과 미국인 가족들에게 태권도를 가르쳤다.

베트남전쟁이 끝날 무렵인 1974년 미군들의 귀환으로 태권도를 가르칠 대상이 없어진 사범들은 이때부터 태국 사람들에게 태권도를 보급하기 시작했다.

태권도 대통령이라 불리는 송기영 사범도 이런 분위기에서 태국으로 건너가 태권도를 보급한 1세대이다. 그는 1972년에 태권도 보급의 사명을 띠고 태국에 도착했다. 유명 대학교 체육 교수들을 대상으로 한국어 교육과 함께 태권도 교육을 시켰다. 또한 태권도에 애착을 가진 사범들 30여 명을 데리고 태국 전국을 돌아다니며 태권도 시범 활동을 하였다. 뿐만 아니라 사단법인으로 태권도 협회도 만들었다.

1986년에는 촌부리 소재 보병 21연대(6.25전쟁에 참전한 왕비근위연대)에 태권도를 보급하기도 했는데 당시 대대장이 현재 태국 총리인 쁘라윳 짠오차ประยุทธ์จันทร์โอชา였다. '송기영 컵 전국 태권도 대회'도 만들어 태권도 꿈나무들을 찾아내고 태국에 태권도의 저변 확대를 이루어 나갔다.

송기영은 단순히 태권도만 가르친 게 아니다. 태권도를 통해서 자라나는 어린이들에게 정신교육을 시키려고 노력했고, 이런 노력이 태권도 보급에 적지 않게 영향을 미쳤다. 어떤 어머니는 도장에 찾아와 송기영의 손을 잡고 한참 동안이나 눈물을 흘리기도 했다. 엄마가 뭐라 하면 엄마 따귀를 때리던 아이가 태권도를 배우면서부터 다른 사람으로 변해 너무 감격스러웠기 때문이었다.

그런 소식들이 입에서 입으로 퍼지면서 태권도가 그저 발로 차고 손으로 때리기나 하는 운동이 아니라 인간을 개조하는 스포츠로 태국 사회에 뿌리를 내리기 시작했다.

태국 사람에게 태권도가 어떤 운동인가를 제대로 알려주기 위해서 태권도장에 '화랑 5계'를 태국어와 영어로 번역해서 붙여놓고 운동을 시작하기 전에 모두 화랑 5계를 읽고 외우도록 했다. 그랬더니 스님들까지 그 내용을 보며 좋은 운동이라면서 같이 배우기도 했다. 그는 태국인들에게 전해주고 싶은 태권도의 정신이 화랑 5계에 담겼다고 생각했다.

송기영은 한인회장도 지냈다. 당시는 한인회에 대한 한인들의 관심이 저조하고 재정적인 어려움도 컸다. 이런 이유로 한인회장을 못하겠다고 하고는 아무도 모르게 산중으로 피신을 해버린 적도 있었다는 부끄러운 고백을 했다.

그와 인터뷰를 하면서 마지막으로 태권도와 태국의 국기 무어이타이[มวยไทย] 중 어떤 것이 더 강한지 물으니 "무조건 싸우면 무어이타이가 유리하지만 룰을 만들어 싸우면 태권도가 유리하다"고 명료

하게 답했다(송기영 인터뷰).

한편 베트남전쟁과 관계없이 이 시기에 직접 태국에 진출한 2세대 한국인들도 적지 않다. 기업 진출, 유학, 국제결혼 등의 동기로 진출한 한인들이 이 범주에 속한다.

태국에 진출한 최초의 개인 기업으로 태국 파이롯트PILOT 만년필(주)을 들 수 있다. 내국인과 외국인의 투자 비율 51:49를 고수하는 태국에서 실질적으로 한국인이 100퍼센트 출자한 유일한 회사이다. 이 회사는 현지에 뿌리를 내릴 계획으로 아예 현지 법인화해서 태국 사회에 동화하도록 했다. 현재는 일회용 라이터로 태국 시장을 독점하고 있다.

사주인 고홍명은 귀국하였으나 1974년에 지사장으로 방콕에 첫발을 디뎠던 박선호는 현재 다른 교민들과 함께 왕성한 활동을 하며 한인 교포 사회의 중추적 역할을 하고 있다.

파이롯트를 시작으로 해서 경운기 제조전문인 대동공업, 봉명광업, 금성계전이 잇달아 진출했다. 이어 삼성, 대우, 쌍용, 금호, 국제, 금성 등 대기업들이 뒤질세라 태국에 발을 내디뎠다. 1970년대 중반기에 들어서는 국내에서 웬만큼 이름 있는 기업들은 태국으로 진출했거나 진출하려고 준비하고 있었던 셈이다.

1977년에 한국외국어대학교 태국어과를 졸업한 김부원은 봉명광업에 근무했다. 치앙마이 광산에서 일했으나 정확한 사전 지역조사를 하지 않고 무작정 뛰어들어 무리한 공사를 했기 때문에 결국은 값진 경험만 쌓고 철수해야 했다고 회고한다.

김부원은 유창한 태국어 실력을 자랑하면서 한인회 활동에도 적극적이었다. 사무국장, 이사, 부회장을 수차례 지내기도 했다. 이후 김부원은 다양한 사업을 했다. 1984년 5월에는 쁘로 타이Pro Thai 회사를 설립했으며, 1985년에는 삼미사 방콕지사를 대행했다. 화승기업의 촌부리 공장 건설 당시 허가부터 전 과정에 관여하기도 했으며 베트남에 타피오카를 수출하는 등 거의 모든 무역활동을 다 해보았다고 한다(김부원 인터뷰).

현재는 대규모 식품 사업으로 성공해 한인 사회의 원로 역할을 하고 있다.

이 시기 한국은 국제사회에서 후진국이었다. 국제기구에서는 이러한 후진국의 경제 발전을 위한 인재 양성을 후원하였다. 유엔 산하 기구인 유네스코의 장학금이 태국 정부를 통해 매년 한국 학생 1~2명에게, 아시아공과대학AIT의 석·박사 과정을 위한 장학금이 이공계 학생 2~3명에게, 그리고 풀브라이트Fulbright 장학금이 매년 경제학도 1명에게 주어졌다. 유네스코 장학금을 받은 학생들은 주로 쭐라롱껀대학교จุฬาลงกรณ์มหาวิทยาลัย에서, AIT 장학금 수혜자는 AIT에서, 풀브라이트 장학금 수혜자는 탐마쌋대학교มหาวิทยาลัยธรรมศาสตร์에서 수학했다.[9]

---

9 유네스코 장학금을 받아 공부한 사람은 이교충, 손병순(1964), 최창성(1970), 동종한(1971), 송인서(1971), 김영애(1972), 이동선(1973), 이한우, 차상호(1974), 김유숙(1975) 등이다. AIT 유학생으로는 김상규, 변준호(1971), 서남수, 이승환, 이평수, 김진우(1973), 서관세, 엄주은(1974) 등이다. 탐마쌋대학교 유학생으로는 이강원(1974), 김춘산(1975), 황주연(1976), 이정욱(1977) 등이 있었다(김영애 2018: 281).

태국 한인 사회에서 입지전적인 교포 실업가로 알려진 이정우는 태국인과 태국 문화를 잘 파악하고 있는 기업인이다. 그는 1973년 7월 태국에 도착하였다. 서울대학교 사범대학 독어교육과를 졸업하고 충남 아산중학교에서 영어교사를 하던 중 교사직을 그만두고 독일 아헨Aachen 대학교 유학길에 올랐다가 방콕에서 사업을 하던 삼촌 이종혁(Lee Store 대표)에게 인사차 들른 것이 태국에 정착하게 된 계기가 되었다고 한다.

그는 태국에 처음 왔을 때 방콕의 모습은 '충격' 바로 그 자체였다고 회고한다. 생전 처음 비행기를 타고 도착한 그에게 방콕은 서울에 비해 엄청나게 발전하고 화려한 국제도시였다. 여기에 자극을 받아 결국 독일 유학을 포기하고 태국에 눌러앉기로 했다.

이정우는 순수 한국 기술로 1980년에 ㈜타이 한리Thai Hanlee를 설립하여 내수용 양말을 시작으로 1982년에는 ㈜제너럴 삭스General Sox를 설립하고 양말과 타이즈를 제조하여 수출했으며 두 아들과 함께 (주)스페이스 미디어, (주)예스 인테리어, (주)예스 시큐텍을 설립하여 사인Sign물, 인테리어, 감시카메라 등으로 업종을 다양화시켰다.

그는 태국은 모든 원칙이 그대로 통하는 나라 중의 하나라고 주장하는 몇 안 되는 재태 기업인으로서 사업을 할 때 겸허한 자세로 현지에 적응하고 솔선수범해서 희생적으로 노력하니 결과가 긍정적으로 나타났다고 말한다. 그는 이어 "본인 먼저의 실천 없이 일방적으로 종업원이나 파트너에게 업무나 약속 이행을 강요한 것"이

바로 태국 진출 초창기에 한국인이나 한국인 기업이 실패한 원인이었다고 회고한다(이정우 인터뷰).

한태상공회의소 사무국장을 지낸 김미라는 1972년 태국 남성(타이항공사 근무)과 결혼하여 태국에 진출한 경우이다. 그녀는 태국에서 결혼생활을 하며 태국어를 익혔고, 자녀를 키우고 난 후부터 한인 사회와 인연을 맺고 있다. 그녀의 뛰어난 영어와 태국어 실력은 한인 교민 사회가 태국 사회로 진출하는 데 큰 기여를 하고 있다.

김미라에 의하면 찻차이 춘하반ชาติชาย ชุณหะวัณ 전 총리의 며느리도 한국 여성이었다고 한다. 지금도 마찬가지지만 한국 여성이 태국 엘리트 남성과 결혼하는 예는 드문 경우라고 볼 수 있다(김미라 인터뷰).

박명복도 이런 경우에 속한다. 태국에서는 그를 멈팍이라고 불렀는데, 멈หม่อม은 왕족에게 붙여주는 호칭이었고 팍은 박을 태국식 발음으로 부른 것이다. 박명복은 이화여자대학교 제1회 영문과 출신으로 미국 유학을 마치고 1954년 귀국하였는데 당시 한국통일부흥위원단韓國統一復興委員團, United Nations Commission for the Unification and Rehabilitation of Korea, UNCURK 태국 대표인 왕족 조티시 데바쿤이 서울에 파견된 것이 만남의 계기가 되어 1년간 교제 끝에 1957년 결혼하여 태국 왕족의 아내가 되었다.

조티시 왕자는 한국 근무를 마치고 태국에 돌아와 태국 외무부 국제 부장을 거쳐 뉴욕 총영사를 지냈으며, 태국에 머물 때에는 한국에 각별한 애정과 관심을 보여주었다. 외교적으로 어려울 때면 조티시 왕자가 발 벗고 나서서 많은 도움을 주었다고 한다. 박명복 씨는 후에 서울집이라는 한국 음식점을 경영했다(김석건 인터뷰).

박명복의 『선데이 서울』과의 인터뷰에 의하면 당시 태국에 있는 한국인 중 외국인과 결혼한 경우는 모두 스물아홉 가구로 부인이 태국인인 경우가 열두 가구, 남편이 태국인인 경우가 일곱 가구, 남편이 미국인인 경우가 열 가구인데, 그중 남편이 태국인인 경우는 유일하게 박명복을 제외하고는 모두가 6.25전쟁 참전용사와 인연을 맺은 경우라고 한다(재태국 한인회 b. 2008).

김미라는 태국 남성과 결혼한 한국 여성들 중 6.25전쟁 참전용사와 결혼하여 태국에 온 여성들은 잘 알려져 있지 않다고 증언했다(김미라 인터뷰).

또 다른 증언에 따르면 6.25전쟁 종전 후 태국군을 따라서 태국으로 건너온 여성들이 꽤 있었다고 한다. 1980년대 중반에 소위 운천포천그룹이라는 고스톱 모임이 있었고 태국군을 따라왔던 여성이 도망을 간 사건도 있었다(80대, 남성, 사업가).

과거에 한국 사회에서 '국제결혼'이라고 하면 으레 양공주를 연상시킨다는 점에서 부정적 어감을 가졌다. 이는 미군과 결혼한 여성을 도덕적으로 낙인찍는 기제로 작용해온 측면이 있다. 그래서 태국에 있어서 이른바 '전쟁 신부war bride'에 대한 아픈 과거는 잘 알려지지 않은 실정이다.

### 4) 1980년대 중반 이후

1980년대 중반 이후에는 관광산업과 관련해 진출한 교민들과 한국 투자 진출 증가 등 한·태 경제협력 관계 증진에 따른 상사원 및 투자업체 직원 등이 급증했다. 즉 투자 이민과 기업 이민의 형태로 온 교민들이 다수를 차지했다.

2000년대 초부터는 한류가 태국의 주요한 사회 현상으로 대두돼 관련 산업 종사자들이 크게 증가했다. 2003년 재태한인의 수는 1만 5,100명에 달했다. 필자의 설문조사에서는 70퍼센트에 이르는 한인들이 2001년 이후 이주한 것으로 나타나고 있다.[10]

1986년 대한민국 외교부 재외동포 현황 자료에 의하면 태국 교민 수는 449명(남 288, 여 161명), 체류자 수는 286명(남 160명, 여 126명)이다.[11] 1997년 재태한인의 수는 7,901명으로 1986년에 비해 열 배 이상 증가했다. 1980년대 중반 이후 재태한인 사회는 점차 '체류자 중심 이민 사회'로 변했으며 이주 동기는 경제적인 것뿐만 아니라 훨씬 다양하고 복합적이 되었다. 투자 진출, 관광산업, 동아시아 지역협력과 인적·물적 교류, 한류산업 등이 주요한 이주 동기

10 이주 시기를 살펴보면, 1970년 이전 0.2퍼센트, 1971~1980년 1.8퍼센트, 1981~1990년 7.4퍼센트, 1991~2000년 21퍼센트, 2000년 이후 69.6퍼센트이다(김홍구 2014: 219).

11 교민들의 직업 분포를 보면, 주부 92명(20.5퍼센트), 학생 66명(14.7퍼센트)을 제외하고 상업 80명(17.8퍼센트)이 가장 많고, 그다음이 서비스업 48명(10.7퍼센트), 사무직 종사자 43명(9.6퍼센트) 순이다. 체류자의 직업 분포를 살펴보면, 주부 69명(24.1퍼센트), 민간상사 주재원 38명(13.3퍼센트), 유학생 27명(9.4퍼센트), 종교인 22명(7.7퍼센트), 공무원과 상업 종사자가 각각 15명(5.2퍼센트) 순이다.

가 된다.

1980년대 중반 이후 한인 사회가 비약적인 발전을 이룬 데는 몇 가지 중요한 이유가 있다.

첫째, 1985년 플라자 합의Plaza Accord(미국의 달러화 강세를 완화하려는 목적으로 미국·영국·독일·프랑스·일본의 재무장관들이 맺은 합의) 결과와 1987년 민주화와 노동운동이 활발해지자 신발, 완구, 섬유 등의 수출형 노동집약적 업종들이 공장 운영이 어려워지면서 대거 태국과 동남아로 진출한 것이다.

이 시기는 태국의 공업화와 산업화가 활발히 진행되는 기간으로 태국 경제는 1987년 이후 급속한 수출 신장을 바탕으로 유사 이래 볼 수 없었던 고도 경제 성장을 기록했다. 1987~1990년 경제성장률은 연평균 두 자리 수 이상의 증가를 기록했다.

1987년 스피커 업체인 삼미사운드가 태국 진출을 결정했으며 신발업체인 화승산업도 1988년도에 태국에 진출했다. 1990년대 초까지 태국에서 가장 후생 복지가 좋았던 한국의 초기 무선 전화기 회사인 맥슨전자도 1988년 태국으로 진출했다.

1988년은 태국에 한국 기업체의 투자가 홍수를 이룬 해로 투자 회사의 증가와 함께 교민 수도 비례하여 증가했다. 우리 기업의 대태국 투자는 1988~1991년간 크게 증가하였으나 중국, 베트남, 멕시코 등 새로운 투자 대상국이 등장하면서 증가세가 둔화했고 아울러 1997년 외환위기 이후 저조했지만 2010년 이후 회복되고 있다.

1980년대 중반 이후 재태한인들의 투자 진출과 한인 사회의 상황을 김장열(24대 한인회장, 2005~2006년)은 다음과 같이 언급했다.

> 제가 진출했던 1980년대 중반부터 1990년대 중반 사이에 태국 한인들의 숫자가 기하급수적으로 증가했습니다. 그 당시 특히 일본 기업들이 물밀듯이 이곳에 생산기지를 구축하면서 태국의 산업화가 본격적으로 시작되었습니다. 한인 업체들도 태국에 대규모 생산기지를 만들고 7~8년 동안 집중적인 투자를 했습니다. 미미한 상태였던 우리 한인 사회의 역사가 그때를 기점으로 해서 양적으로나 질적으로 크게 성장했다고 볼 수 있습니다.

김장열은 한국 기업의 투자붐이 무르익는 분위기에서 사업 기회를 찾았다. 태국은 농수산물과 광물 수출 물량이 엄청나게 많은데도 운송할 화물선이 없었으며 또한 해운 전문가가 없다는 것을 알고, 태국의 한 운송업체와 정식으로 계약을 맺어 해운 전문가로 인정받아 노동허가서를 받은 첫 한국인으로 이곳에 진출했다(재태국한인회 b. 2008).

우리 기업의 대 태국 투자가 크게 활기를 띠던 시기에 회사나 공공기관 소속으로 태국에 파견 나왔다가 임기가 끝나고 태국에 거주하는 경우도 꽤 있었다. 그들은 임기 중 계획을 세워서 태국 거주의 장점과 지역 사정을 어느 정도 파악하고 이주한 셈이다.

이우철은 태국과 일본 후쿠오카에서 한국관광공사 지사장을 지냈다. 태국에서는 두 차례나 근무했다. 퇴직 후 『관광저널Travel Trade

**표 5 한국 대(對) 태국 투자 현황**

(단위: US $백만, 건)

| 연도 | 신고 건수 | 신규법인 수 | 신고금액 | 송금횟수 | 투자금액 |
|---|---|---|---|---|---|
| 투자액 계(누적) | 3,511 | 1,179 | 3,561 | 4,968 | 2,776 |
| 2013년 | 251 | 69 | 281 | 324 | 150 |
| 2014년 | 208 | 52 | 131 | 259 | 182 |
| 2015년 | 164 | 44 | 178 | 196 | 109 |
| 2016년 | 192 | 75 | 111 | 253 | 112 |
| 2017년 | 229 | 63 | 124 | 272 | 107 |
| 2018년 | 191 | 51 | 112 | 235 | 98 |
| 2019년 | 213 | 70 | 100 | 256 | 93 |
| 2020년 상반기 | 77 | 22 | 57 | 87 | 42 |

출처: 한국무역투자진흥공사(Kotra). 2021. 「2021 국별 진출 전략, 태국」. p. 33.

Journal』 부사장을 지낸 후 2004년 한국국제협력단KOICA 단원 자격으로 태국에 들어와서 태국노동청에서 한국어 강의를 시작했다. 이후 탐마쌋대학교 아시아문제연구소, 쑤코타이탐마티랏대학교 등에서 한국어를 강의했다(이우철 인터뷰).

2013년 이후 2017년 초까지 한태상공회의소 소장직을 역임한 이만재는 이 시기에 대우종합상사에 근무하면서 태국과 인연을 맺었다. 대우종합상사 근무 시절 필리핀, 태국, 말레이시아 등에서 18년 동안 주재원으로 일했으며(1980~1990년대) 2000년에 태국에서 법인장 근무를 했다. 현재는 한국 제품의 동남아 진출, 한국 중소기업의 태국 진출 컨설팅 업무, 물류사업 등을 하며 몇 개 회사의 사외이사직도 겸하고 있다. 2016년 현재 세계한인무역협회OKTA 윤두섭 회장도 1989~1993년까지 맥슨전자 자재구매과에서 근무한 적이 있었다(이만재·윤두섭 인터뷰).

2019년 기준 우리나라의 대(對) 태국 누적 투자금액은 27.8억 달러이며, 2019년 단일 연도 기준으로 하여 태국은 우리나라의 전체 39위, 아세안 국가 중 여덟 번째 투자 대상국이다. 대형 제조업, 은행·유통, 인프라 등에 투자가 상대적으로 적어 베트남(4위), 싱가포르(6위), 인도네시아(15위), 미얀마(25위), 말레이시아(28위), 캄보디아(30위), 필리핀(32위)보다 낮은 상황이다.

태국 진출 우리 기업 수는 400여 개로 제조업과 서비스업에 고루 분포한다. 진출 기업 수로는 베트남, 인도네시아에 이어 세 번째 투자 대상국이다. 제조업은 전자, 철강, 자동차 부품 등이 위주이며 삼성전자·LG전자 및 협력업체가 촌부리, 라영 주의 산업단지에 밀집해 있다. 포스코, 동국제강 등은 철강 가공 공장을 운영하고 이레, 한온 등 자동차 부품 업체는 GM 협력업체로 진출했다. 유통과 프랜차이즈 및 서비스 부문 진출도 최근 증가세에 있는데 CJ오쇼핑, 현대홈쇼핑, GS홈쇼핑이 현지 합작을 통해 진출하고 있다.

이와 같이 1980년대 중반 이후 현재까지 이어져오는 한국 투자 진출 증가로 인한 상사·지사원 및 투자업체 직원 등이 여전히 한인 사회의 큰 부분을 차지하고 있다.

**표 6 업종별 진출 기업 현황**

| 업종 | 기업 수 | 대표 기업 |
|---|---|---|
| 제조업 | 194 | (전자) 삼성전자, LG전자, 행성전기 |
| | | (철강) 포스코(타이녹스, CGL, TCS, TBPC), 동부제철, 동국제강 |
| | | (금속) 풍산금속 |
| | | (자동차 부품) 네덱, 한온 |
| 도·소매 | 50 | (종합상사) 포스코인터내셔널, 삼성물산, LG상사, 현대종합상사, 효성, GS글로벌 |
| | | (홈쇼핑) GS홈쇼핑, 현대홈쇼핑 |
| | | (화장품) 아모레퍼시픽(설화수, 에뛰드, 라네즈, 이니스프리), 스킨푸드, 미샤 |
| | | (프랜차이즈) 탐앤탐스, 더비빔밥, 설빙, 교촌, 본촌, 투다리 |
| | | (지사) 한국타이어, 금호타이어 |
| 서비스업 | 45 | (IT) 라인플러스, 비트컴퓨터, NHN |
| | | (광고) 제일기획 |
| | | (엔터테인먼트) 한·태교류센터, SM트루 |
| 운수, 창고업 | 29 | (항공사) 대한항공, 아시아나항공, 제주항공, 진에어 |
| | | (물류) CJ대한통운, 범한판토스 |
| | | (여행사) 하나투어 |
| 건설, 엔지니어링 | 10 | 두산중공업, GS건설, SK건설, 삼성엔지니어링, 현대엔지니어링, BJC중공업 |
| 금융 | 3 | 삼성생명, 산업은행, KTB증권 |
| 기타 | 29 | (공공기관) KOTRA, 한국관광공사, aT, 한국산업인력공단 |
| | | (언론) KBS, 연합뉴스 |
| 합계 | 360 | - |

출처: 한국무역투자진흥공사(Kotra). 2021. 「2021 국별 진출 전략, 태국」. p. 34.

둘째, 이 시기에 관광산업과 관련해 진출한 한인들도 크게 증가했다. 한국 사회에서 '관광 목적의 여권 발급'을 최초로 시행한 때가 1983년이었다. 그것도 만 50세 이상으로 200만 원의 관광 예치금을 1년 이상 은행에 예치한 사람에 한해 발급했을 정도이다.

1987년 6월항쟁으로 민주화가 이루어지면서 연령 제한이 낮추어졌다. 1987년에는 45세 이상으로 내리는 부분적 성과만 있었으나 1988년 1월에는 40세 이상으로 조정됐고, 그해 7월에는 30세로 낮춰지면서 방문횟수 역시 연 2회로 한정한다는 규정이 폐지됐다.

해외여행의 측면에서 볼 때, 1989년 1월 1일은 역사적인 날이다. 이날 '해외여행 전면 자유화'가 시행됐다.[12]

이로 인해 태국 관광객 수는 1990년에 40만 명, 2000년에는 50만 명으로 늘었으며 2006년에 110만 명의 관광객들이 태국을 방문했다.[13] 관광의 형태도 국제회의나 세미나 참석은 물론 골프투어, 가족 단위로 즐기는 해변투어, 정글투어까지 범위가 확대되었다.

초기 여행사는 TTB, PMP, MING 등 5~6개 여행사가 전부였으나 관광객들의 증가에 따라 2007년 중반까지 300~500개의 여행사들이 우후죽순으로 설립되었고 4,000~5,000명의 관광 가이드가 방콕, 푸껫, 팟타야, 치앙마이와 치앙라이에서 일하게 되었다.

---

12 http://terms.naver.com/entry.nhn?docId=3331385&cid=57618&categoryId=57619 (검색일: 2018. 03. 12.)

13 1986년에 한국 관광객 2만 7,000여 명이 태국을 방문했다.

함상욱은 코타라는 여행사의 서울 지사에서 근무하다가 본사로 발령을 받아 이곳에 오게 되었다.

그 당시에는 처음 보는 태국 사람들이 내게 일본 사람이냐고 묻는 일이 다반사였고, 가끔 길을 가다가 한국 사람을 만나면 서로 굉장히 반가워하였던 기억이 난다. 그 정도로 태국에 사는 한국인이 적었고 태국을 여행하는 사람들도 드물었다. 그때 한인이 운영하는 여행사가 서너 개 정도 있었던 것으로 기억한다. 명 여행사, 태한 여행사 그리고 내가 근무하던 코타 여행사 외에 한두 군데 더 있었으나 규모가 영세하고 시간이 많이 흘러 기억이 잘 나지 않는다.
그러다가 1988년 서울 올림픽을 계기로 관광 여권 발급자의 연령 제한을 40세로 낮추었고, 마침내 1989년 1월부터 해외여행 전면 자유화가 시행되어 태국 한인 여행업의 르네상스 시대를 맞게 되었다.

- 재태국 한인회 b. 2008: 함상욱 모두타이 대표

갑자기 봇물처럼 들어오는 관광객의 수요를 감당하기 어려워 당시에는 태국어를 조금이라도 할 수 있는 교민이면 누구나 안내를 해야 하는 실정이었고, 심지어는 태국에 온 지 일주일도 안 된 사람이나 한국 식당 주방장마저도 안내원으로 손님을 맞아야 했다.
그해 정월 초하루부터 한 달 내내 딱 두 번 쉬고 계속 손님을 맞이하였는데 그 두 번이 오전에 손님을 보내고 오후에 다시 공항 미팅을 한 것이었으며, 나머지는 공항 위층에서 손님을 보내면 아래층에 기다리고

있는 손님을 버스에 태우고 비몽사몽 간에 한 말 또 하고 하지도 않은 이야기를 했다며 즐거운 비명을 지르던 기억이 난다.

태국에 온 지 얼마 되지 않은 아내가 가끔 집에 들러 피곤하다며 잠을 잠시 청하고는 주머니에서 돈다발을 쏟아 놓고 나가는 모습을 보고 무슨 나쁜 짓을 하는 것은 아닌지 걱정했다는 말을 후일에 듣고 깔깔대며 웃었던 적도 있다.

그러한 호황도 오래 가지 못하였다. 여행업 패턴 변화의 물결에 휩쓸려 패키지 업체들의 과당 경쟁이라는 소용돌이의 중심에 서게 된다. 제 살 깎아먹기 출혈 경쟁으로 원가에 훨씬 미치지 못하는 요금으로 손님들을 받아 바가지 옵션으로 손실분을 메우는 변칙 영업의 서막이 열리고, 이런 영업 형태에 위기의식을 느낀 여행사들이 중심이 되어 그 이전에 있던 협의회 형식의 여행업체 모임을 넘어서는 사단법인 한태 관광진흥 협회를 발족하게 된다.

- 재태국 한인회 b. 2008: 함상욱 모두타이 대표

태국을 찾은 한국 관광객 수의 최근 추이를 살펴보면 2014년 112만 2,566명, 2015년 137만 2,995명, 2016년 146만 4,218명, 2017년 170만 9,070명으로 증가하고 있다.

현재 방콕, 치앙마이, 푸껫 등 태국 주요 도시와 인천, 부산 사이에는 정기 항공노선이 운행 중이다. 한국-태국 운행 항공편 수는 양국 8개 항공사(한국 6개, 태국 2개)에서 주 약 450회 이상 직항 운영되며, 한국관광공사 방콕지사도 개설되어 있다(태국 개황 2019).

그림 6 방콕의 하나 여행사 사무소, 유리창에 여행 관련 정보가 빼곡이 붙어 있다

셋째, 1980년대 중반 이후에 이어서 2000년대 초 초국가주의 현상으로서 '재태한인의 대규모 이주 현상'은 1990년대 동아시아 경제위기를 겪으면서 이 지역에서 본격화된 지역협력에서 기인하는 것이며, 이는 1990년대의 신자유주의적 지구화와 세계 각지의 지역주의의 심화로 인해 초래된 현상이라고 볼 수 있다.

1997년 동아시아 금융위기는 한국과 동남아 국가 간의 관계에 새로운 전기가 되었다. 심각한 경제위기를 경험한 이 지역 국가들은 위기의식을 공유했으며 동북아-동남아 경제의 연계를 인식했고, 동아시아 지역협력에 적극적으로 참여했다.

동아시아 지역협력의 시작으로 동북아와 동남아가 서로 별개가 아니라 유기적으로 연결된 하나의 단위이고, 나아가 하나의 동아시아라는 지역으로 묶일 수 있는 단위라는 인식이 생겼다. 그 결과 정치경제 결속이 빠른 속도로 발전했으며 초국가적으로 인적·문화 교류도 활발히 이루어지게 되었다(이재현 2009).

이 시기 재태한인의 이주 현상도 이런 맥락에서 이루어졌다고 볼 수 있다.

이희구는 이러한 시기에 태국으로 진출했다. 1999년 2월 졸업 후 태국으로 건너와서 태국계 섬유회사에 3개월 근무하고 이어서 포스코 자회사인 포스타이POSTHAI(철강)에서 2007년까지 근무하다가, 하나스틸HANASTEEL을 창업했다.

그는 하나스틸을 세울 당시 한국과 태국의 경제 상황을 비교해보면서 태국 사업의 충분한 성장 가능성을 느꼈다고 한다. 2000년도

그림 7 하나스틸 공장은 오늘도 바쁘게 돌아가고 있다

태국에서 근무할 당시 태국의 하루 인건비가 6,000원 정도였고, 미얀마는 하루 인건비가 1,000원이었다. 뭐든지 하면 돈을 벌 수 있을 것이라 생각했다. 직원 채용과 자금의 부족으로 어려움을 겪었지만 매년 매출이 두 배씩 지속적으로 성장해, 2019년 현재 태국인 종업원 수 450명, 한국인 13명의 직원과 매출액 650억 원 이상을 기록하는 중견기업이 되었다.

현재 하나스틸의 주 사업 아이템은 철강, 플라스틱, 자동차 액세서리 제조 등이다.

그는 태국에서의 사업 경험을 다음과 같이 소개하고 있다.

> 한국 사회에서는 엄청난 상호 견제와 경쟁으로 필요 없는 소모전이 많지만, 태국은 그런 점에서 비교적 자유롭다는 것이 무척 마음에 들었습니다. 태국에서 사업을 하면 동남아의 넓은 소비시장을 코앞에서 바라볼 수 있어서 기회가 훨씬 많고 수많은 도전을 할 수 있습니다. 물론 사업 초기에는 문화 차이로 인한 상호 행동에 대한 갈등이 있었습니다.
> 당연한 이야기이지만 종잣돈을 갖고 있으면 사업하기가 훨씬 수월할 것입니다. 저는 무일푼으로 시작해서 초반에 무척 고생한 것이 기억납니다. 태국에서 사업을 하려면 태국의 상법, 관세법, 환경법, 소방법, 노동법, 건설법 등에 대해서도 반드시 사전에 숙지할 필요가 있습니다.
>
> - 이희구

투자 진출이 활발해지면서 중요한 관련 조직들도 만들어졌다. 한태상공회의소는 2016년 현재 240여 개 회원사를 보유하고 있다. 1977년 설립 이래 태국의 지·상사 협의회와 제조업체 협의회, 태국 내 한인 기업들이 합심해서 지금의 모양을 갖추게 되었다.

한·태 양국 상공인들의 교류협력 및 우호증진을 위해서 설립된 유일한 종합경제단체로, 급변하는 경제 상황에 우리 기업이 능동적으로 대처할 수 있도록 기업인들을 위한 울타리 역할을 하고 있다. 태국에 진출한 한인 기업 중 한태상공회의소에 가입한 기업은 대략 50~60퍼센트 정도이다(PANN-Hanasia: 110-111).

옥타방콕지회는 2009년 안종국 한태상공회의소 소장이 설립했다. 이후 2014년 8월 방콕 제1회 차세대무역스쿨을 개최한 바 있다. 옥타방콕지회는 월드옥타World Federation of Overseas Korean Traders Association(세계한인무역협회)의 지회인데 월드옥타는 1981년 4월 미국과 일본에 진출한 교민을 중심으로 전 세계 각국 한인 무역상 조직으로 출범했으며 1994년 산업통상자원부의 승인과 후원으로 사단법인으로 승격된 해외 교포 경제 무역단체이다(교민잡지: 82-85).

이런 조직들이 태국에 만들어진 것은 2000년대 이후 양국 간 무역·투자 확대 현상과 밀접한 관계를 갖는다고 볼 수 있다.

2000년대 초 초국가주의 현상으로 한류는 한인의 대규모 이주를 초래했다. 한류는 태국 사회에서 본격적으로 하나의 중요한 문화 현상으로 자리 잡기 시작했다.

태국 내 한류는 중국, 대만, 홍콩, 싱가포르보다 뒤늦게 자리 잡

그림 8 한태상공회의소는 태국에 있는 우리 기업인들을 위한 울타리 역할을 한다

았으나 최근에 빠른 속도로 확산되었다. 현재 태국 속 한류는 영화·TV 드라마·K-팝 등은 물론이고 온라인 게임·음식·화장품·한국어 교육 등 전방위적으로 나타나는 현상이 되었다.

이 분야에서 독보적인 존재는 이유현이다. 그는 1990~2003년까지 스포츠조선 기자였다. 마지막 보직은 방송영화 분야 차장이었다. 2003년 태국에 온 그는 한태교류센터Korea Thailand Communication Center, KTCC라는 무역회사를 운영했다. 처음에는 한국인, 태국인 각 1명의 직원을 두었는데 3년 동안 별 수입이 없었다고 한다(현재 직원 수 60여 명). 지금은 PRO MICE(2008), KTCC MEDIA(2012)로 사업영역을 확대했다. 그는 태국 TV 채널5 기자가 한국 취재를 왔을 때 〈가을동화〉와 〈클래식〉 주인공과의 인터뷰를 주선해달라고 부탁해 송승헌과 손예진을 소개해준 것이 계기가 되어 태국과 인연을 맺었다. 그 당시 관광공사가 초청해 동남아 기자 50여 명도 기자회견에 참여해 열띤 취재 경쟁을 벌였다.

그의 가장 중요한 사업 파트너는 부인인 홍지희이다. 홍지희는 부산외국어대학교 태국어과를 졸업하고 '태국과 결혼한 여성'으로도 잘 알려진 인물이다. 이유현과 홍지희는 각각 한국 측과 태국 측을 담당해 사업을 성공시키고 있다(이유현 인터뷰).

현재 KTCC는 한류 기반 태국 마이스 전문기업으로 굳건히 자리 잡고 있다. 태국 한류의 발아 시점인 2003년 8월 창사하여, 태국 주력 지상파 방송사인 CH3, CH7 등에 한국 드라마와 콘텐츠를 소개하고 〈풀하우스〉, 〈대장금〉 등 주요 드라마 OST를 태국에 처음 알렸으며 한류 스타의 콘서트 및 팬미팅 등을 다수 개최하였다. 또 한·태 수교 50주년을 기념해 2008년 재태국 한인회와 함께 처음으로 종합 한류 이벤트인 '코리아 페스티벌'을 주관하였다. 2011~2016년까지는 주태 대한민국 대사관과 태국 문화부의 공동 주최로 '한·태 우호문화축제'를 매년 주관하며 한류의 확산과 한·태 양국 문화 교류에 일익을 담당하였다.

태국 영상매체를 통한 한국 홍보에도 독보적이다. 특히 2010년에는 태국 영화 〈권문호〉를 태국 영화사 GTH와 한국에서 공동 제작했다. 〈권문호〉는 당해 연도 태국 영화 중 박스오피스 1위에 오르며 중국, 일본을 포함한 18개국에 한국을 홍보하고 태국인들의 한국 관광붐에도 크게 기여했다.

서울시의 공식발표에 따르면, 이 영화의 영향으로 한국을 찾는 태국 관광객이 이듬해 50퍼센트 증가하였다. 영화뿐만 아닌 CH3, CH7 등 태국 주요 방송사의 드라마를 한국에서 공동 제작함으로써 태국 내 한국 브랜드 가치 고양에 기여하고 있다.

최근 한태교류센터 KTCC는 다양한 한류 정보와 태국 노하우를 활용해 한국 기업의 태국 진출을 지원하는 전시, 박람회와 수출 상담회, 컨퍼런스, 태국 정부와 언론 교류 등 마이스 분야에서 두각을 나타내고 있다.

박진아 대표는 2000년 유네스코 장학금을 받고 동북부 랏차팟 우본랏차타니대학교를 다닌 바 있었다. 당시에는 그리 흔한 경우가 아니었다. 2007년 졸업 후에 호텔에서 매니저로 8개월간 일했

그림 9 2018~2019 태국 K-CON에 몰려든 태국 팬들, 한류의 열기가 대단하다

으며, 동년에 프리스타일 여행사를 차리고 2010년에는 진 코페레이션JIN CORPORATION(THAILADN)을 설립해서 지금은 3개의 법인을 운영한다.

그는 일찍부터 태국에서 사업을 하려면 태국 사람들과의 네트워크를 구축해두는 것이 필요하다고 생각해서 태국 커뮤니티와 관계를 맺는 일에 큰 관심을 가졌다고 한다.

또 특화 상품을 개발하여 인센티브 위주의 여행사를 운영하면서 한류 사업을 좀 더 구체화하였고 커버댄스 종주국이라고 할 수 있는 태국 내에 체계화된 노래, 연기, 춤을 가르치는 시스템을 갖춘 학원이 없음을 알고 3년여의 준비 기간 끝에 태국 교육부 허가를 받은 노래, 연기, 춤 학원을 개설했다.

현재 방콕 시내에 아카데미 두 곳을 운영하는데 이른바 한국의 압구정동과 청담동에 비유되는 텅러와 싸얌 지역에 위치한다. 아카데미는 한국식 연예인 트레이닝 시스템을 도입해 태국 연예인과 가수를 육성하는 태국 내 유일무이한 곳이다. 한국의 대표 연예기획사와 함께 태국 내 오디션을 진행하여 태국 연예인을 발굴하기도 한다. 태국 내에서 체계화된 시스템으로 운영되는 아카데미로 인정받아 동남아시아권에서도 프랜차이즈 사업 제의를 받을 정도로 성장했다.

이밖에도 진 코퍼레이션은 공연 이벤트 기획, 콘텐츠 개발, 광고, 영화, 유튜브 사업 등 다양한 분야에서 활약하며 현재는 K-팝의 장점과 태국의 T-팝의 장점을 결합시킨 TK-팝을 개발하는 데 노력하고 있다.

박진아 대표는 앞으로 사업을 태국뿐 아니라 동남아 시장으로 확대시키고 싶다는 의지를 보였다.

진 코퍼레이션 산하 온에어 아카데미ONAIR Academy에서 원장으로 근무 중인 이창익은 2000년대 초반 대학교를 졸업했다. 졸업 후 태국에 왔을 때 한류 바람이 불고 있었다. 현재 아카데미에서 현지 가수 트레이닝 및 태국 교사 양성, 학생들에게 K-팝 댄스 교육을 담당한다. 그는 지난 10여 년 동안 태국 내 한류가 발전하는 걸 체감했다고 한다.

> 10년 전에는 몇몇의 한국 아이돌들에게 인기가 집중되었다면 지금은 K-팝, K-힙합뿐 아니라 한국의 예능 프로그램, 드라마, 영화, 음식, 화장품, 패션 등 다방면으로 한류가 확장되었다고 느낍니다. 앞으로 그냥 K-팝만을 전파하는 것이 아니라, TK-팝이라는 새로운 장르를 만들고 정착시키기 위해 진 코퍼레이션의 전 직원이 노력 중입니다. 태국에서 한류를 전파하고 있다는 자부심을 가지고 더욱 매진할 것입니다.
>
> \- 이창익

#### 4. 치앙마이 한인 사회

태국 한인 사회는 교민 67퍼센트가 거주하는 방콕 한인 사회를 중심으로 형성되어 있지만 교민 수로는 두 번째를 차지하는 치앙마이 한인 사회는 다양한 이주 동기를 보이는 특색 있는 지역이다.

대한민국 외교부 재외동포 현황 자료에 따르면 2018년 12월 31일 기준으로, 방콕(1만 2,200명) 다음으로 한인이 많이 거주하는 지역이 치앙마이(4,000명)이며 2015년 자료에 따르면 방콕(1만 3,636명)을 포함한 다른 주요 지역의 한인 수는 줄었지만 치앙마이만은 1,300여 명이 증가한 3,356명을 기록하고 있다. 태국에는 여러 곳에 한인회 지회가 설치되어 있는데 이 중 치앙마이 한인회는 지회 형식이 아니라 단독으로 운영된다.

치앙마이를 포함해 인근에는 람푼의 한국전자 KEC(1990)가 유일한 한국 생산업체이다. 이 회사에는 직원 600~700명이 근무한다. 치앙마이 한인들은 소비 위주의 생활을 하는 경우가 많고, 장기 체류가 적었으며 주로 관광 관련 비즈니스 활동만이 활발했다.

이런 환경에서 2007년부터 대한항공 인천~치앙마이 정기노선이 주 4회(월/화/금/토) 운항되고, 같은 해 치앙마이에 태국명예영사관이 설치되었다. 또 2010년 이후 KBS에서 치앙마이를 특별 소개하는 등 방송 노출빈도가 잦아지면서 장기 체류자(은퇴이민자)와 유학생들이 유입되기 시작했다. 더구나 이곳은 방콕보다 생필품 가격이 저렴하고 날씨가 좋아 강력한 유인요인을 가졌다(고천웅 한인회 사무국장 인터뷰).

겨울 시즌이 되면 장기 체류 한인 수가 5,000~7,000명까지 증가하는데 현재는 한국 식당 20개 이상, 여행사 20개, 국제학교 10개교(이들은 한국의 유학원과 연계되어서 조기유학의 전초기지로 추천된다)가 있다(김철식·문영달 한인회장 인터뷰).

이런 점에서 치앙마이는 전형적인 라이프스타일 이주lifestyle migration의 성격이 잘 나타나는 곳이다.

선진국에서 개발도상국으로의 이동이라는 새로운 방향성에 대해 설명해주는 개념 중 하나가 라이프스타일 이주이다. 이는 북유럽 사람들이 스페인, 몰타, 이탈리아, 포르투갈, 그리스, 터키 등지로, 영국인과 네덜란드인이 프랑스로, 북미인들이 멕시코로 이주하는 현상이나 이러한 현상들 일부에 대한 용어인 은퇴이주, 레저 이주, 반도시화, 제2의 집 갖기, 어메니티amenity 이주, 계절 이주 등의 현상을 총괄하는 개념이다.

라이프스타일 이주자는 파트타임이나 풀타임으로, 영구적으로 혹은 한시적으로, 생활비용이나 혹은 땅값이 더 저렴한 나라로, 삶의 질로 느슨하게 정의되는 어떤 다양한 이유로 움직이는 상대적으로 부유한 개인이라고 정의할 수 있다(O'Reilly and Benson 2009).

치앙마이 한인의 이동성도 이런 점에서 라이프스타일 이주라는 개념으로 일부 설명할 수 있을 것이다(이민영 2016: 295 재인용).

장기 체류, 조기유학 외의 또 다른 이주 동기는 선교사업이다. 2003년 치앙마이 선교사 가정은 40가구(70~80명)에서 2017년 170가구(350명)로 증가했다. 태국 전역의 교회 수는 5,000개이며 북부에만 2,500개가 있는데 이 중 치앙마이에 1,000개가 설립되어

그림 10 치앙마이에는 1,000개의 교회가 있다

있다. 치앙마이에 국한해서 계산한 기독교인 수는 7퍼센트(태국 전체적으로는 0.5퍼센트)이고, 2017년 북부 거주 고산족 200만 명 중 기독교인 수가 40만 명에 이른다고 한다(원탁·권삼승 선교사 인터뷰).

## 2장

# 일상적 삶과 사회계층의 분화

## 1. 일상적 생활양식과 민족 정체성

이 장에서는 재태한인의 생활양식과 문화 적응 및 정체성과의 관계를 살펴본다. 대부분이 2000년대 이후 이주해온 한국인들은 현지 사회에 문화적으로 적응하는 과정에서 모국의 문화 정체성을 유지하면서, 체류 국가의 새로운 전통과 문화도 수용하는 통합 유형을 보이고 있다.

재태한인들이 일상생활에서 민족문화와 정체성을 얼마나 지켜나가고 있는가를 알아보기 위해서, 전통 생활양식 보존, 한국어 구사 능력, 현지인과의 상호교류, 거주 지역, 한인 학교·종교기관·대중매체·한인회·경제단체·대사관 등과 같은 한인 조직들의 역할을 살펴보기로 한다.

태국에 거주하는 한국인들은 대체적으로 민족 정체성을 유지하고, 고유의 문화와 전통 생활양식을 지니고 있다. 한국인들은 대부분이 태국 사회에 동화되지 않았다고 보아야 할 것이다.

태국어 구사 능력이 부족하고, 한국어는 거의 모든 가정과 한인 사회에서 일상적으로 사용되며, 한국식의 가치관과 규범도 유지되고 있다. 한국식 명절이 지켜지고, 조상숭배도 행해진다. 태국인과의 결혼이 드물며, 한국식의 이름과 성을 그대로 사용하는 한국인들이 대다수이다. 또 현지 사회의 결사체나 조직 참여도도 매우 낮은 수준에 머무르고 있다.

대다수의 한국인 이민자들은 태국 영주권이나 시민권을 취득하려 하지도 않는다. 대한민국 외교부 자료(재외동포 현황 2019)로 재태한인 2만 200명의 거주 자격을 살펴보면 시민권자(77명), 영주권자(128명)는 소수에 불과하고 대다수는 일반 체류자(1만 6,107명)와 유학생(3,888명)들이다.

이 같은 경향은 앞에서 언급한 필자의 2014년 연구 「재태한인의 특성과 태국에 대한 인식」에서도 확인되었다. 이 연구에서는 민족 정체성을 살펴보기 위해 민족공동체에 대한 동일시 정도와 정서적, 행위적 애착도를 알아보았다. 재태한인들은 자신을 한인으로 동일시하는 비율이 매우 높은 것으로 나타났다.

'한국인으로서의 자각' 긍정률은 무려 95.9퍼센트에 달했다. 민족공동체에 대한 애착도를 알아볼 수 있었던 항목에서 정치제도와 전통문화 관습을 지키는 것이 중요하다는 응답은 각각 긍정률이 66.5퍼센트와 77.3퍼센트였다.

결혼 상대와 음식 선호도를 살펴보면, 한국인을 배우자로 선택하겠다는 응답은 65.3퍼센트였지만 '상관없다'는 응답도 34.4퍼센트나 되었다. '한국 음식을 더 먹는다'는 응답은 37.0퍼센트였다.

전반적으로 살펴보면, 민족 동일시나 애착도 면에서 여성이 남성보다, 소득 상위층이 하위층보다, 연령대가 높을수록 긍정률이 대체로 높았다는 점을 관찰할 수 있었다.

또 이 연구에 따르면 재태한인들의 태국어 구사 능력은 그리 높지 않았다. 태국어가 '유창하다'와 '매우 유창하다'의 비율은 13.3퍼센트에 불과했으며, 태국어를 구사하나 제한적이거나, 읽고 쓰지 못한다는 비율은 각각 47.7퍼센트와 45.1퍼센트로 높게 나타나고 있다(김홍구 2014).

민족공동체에 대한 동일시 정도와 정서·행위적 애착도는 높은 반면에 한인들은 대체로 다른 민족과의 관계나 현지 사회에 대한 참여는 소극적인 편이다. 이민 1세대 중에서 정치·사회·경제적으로 현지 사회 진출자는 극히 적다. 한인들은 언어의 제약과 문화 차이 등으로 인하여 한국인만을 대상으로 하는 직업활동의 비중이 높다는 것도 특징으로 지적될 수 있다. 무역 등 국제적인 경제활동을 하더라도 거래선은 한국인 경우가 많다.

일반적으로 현지 사회에서 고립된 적응 형태를 보이는 소수민족은 주생활권이나 거주지가 지리적으로 특정 지역을 중심으로 형성되는 경우가 많다(Balakrishnan and Kralt 1987; Breton et al. 1990).

태국에서 대부분 한인업소는 특정 거리Sukhumvit Street와 인접 지역을 중심으로 밀집되는 경향을 보인다. 이는 한인 교포들의 정서 안정, 세력 형성 등에 기여하는 바가 크지만, 동시에 한인업소의 영세화를 초래하고 적극적인 현지 사회 참여를 저해하는 단점도 지닌다고 볼 수 있다.

반면 한국인들의 거주 지역은 비교적 널리 분산되어 있다. 거주 지역의 분산은 소수민족으로서 정치 세력집단 형성을 어렵게 하기 때문에 한인 사회가 소외되기 쉽고, 아울러 자라나는 세대에게 민족 정체성을 심어주는 데 불리하다. 반대로 거주 지역의 분산은 현지인들과의 접촉을 촉진시켜 준다는 점에서는 장점이 될 수도 있다.

현지 사회에 뿌리를 내리고 다른 인종들과 관계를 돈독히 하기 위해서는 현지인 조직들을 통한 사회활동과 봉사활동에 적극적으로 참여하려는 자세가 필요하다. 그러나 이런 조직들에 대한 한국인들의 참여는 매우 제한적이다.

한인 학교, 종교기관, 대중매체, 한인회, 경제단체, 대사관 등과 같은 한인 조직들의 역할은 어떨까? 학교, 종교기관이나 대중매체의 존재 여부는 이민 후 현지 사회에의 참여와 문화 적응에 커다란 영향을 미치게 된다.

태국의 한인 사회에서 한글 교육에 대한 수요는 그리 크지 않은 편이다. 한국인 이민자의 대부분은 자녀들이 장차 미국과 유럽, 또는 호주 등의 대학에 진학한 후 전문직종에 종사하기를 희망한다. 이들은 자녀들의 성공이 학교 교육을 통해서만 가능하다고 믿고 있으며, 따라서 영어교육과 서구식 가치관 및 규범의 주입에 집착하는 경향이 강하다.

한글학교(방콕 토요학교)가 한 곳 운영되고는 있으나, 이에 대한 참여는 매우 제한적인 실정이다. 그 주요 이유 중 한 가지는 지리적으로 방콕 시내에서 먼 민부리구에 위치하고 있다는 점이다. 그래서 많은 한인이 방콕으로 캠퍼스 이전을 원하고 있다.

현재 방콕에는 기독교 한인 교회가 열 곳 있다. 방콕에 거주하는

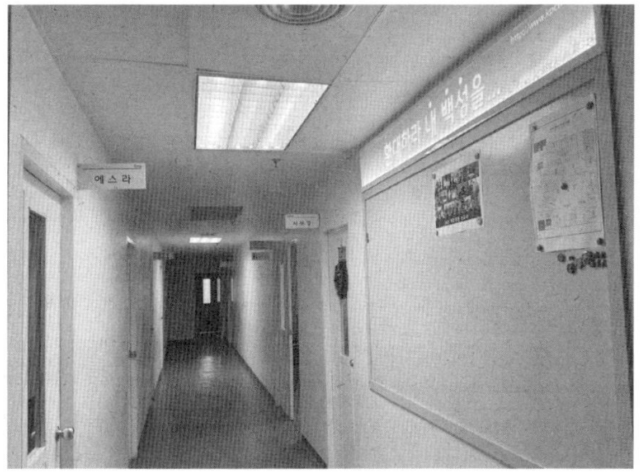


그림 11 한인 교회는 예배 장소를 넘어 다양한 사회적 기능을 한다

한국인들은 과반수가 훨씬 넘게 기독교를 믿는다. 한인 교회에 다니는 한국인들을 사귀어 외로움을 덜고, 일자리나 여가에 대한 정보를 얻을 수 있으며, 현지 사회에 적응하는 방법도 익히게 된다. 이민 2세대에게 한국 문화를 교육하고 민족 정체성을 유지시키는 것도 한인 교회의 기능으로 지적될 수 있다. 한인 교회는 단순한 종교적 예배 장소가 아니라 다양한 사회적 기능을 한다.

한편, 방콕에서 한국인들을 대상으로 하는 불교 사찰은 네 곳, 천주교회는 한 곳에 불과하다. 종교기관들은 이른바 '사회문화적 초국가주의' 행태를 강화시키는 중요한 역할을 하고 있다고 볼 수 있다.

경제단체 역시 한인들의 현지 사회 참여를 촉진시키는 기관이 된다. 한인 경제단체는 한인과 한국 기업 간의 교류, 즉 한상韓商 네트워크의 중요한 축일 뿐 아니라 한·태 양국 상공인들의 교류 협력 및 우호 증진을 목적으로 한다. 경제단체로 한태상공회의소, 재태국기업체 협의회, 한태 관광진흥 협회 등을 꼽을 수 있지만 이 중 한태상공회의소가 조직과 재정면에서 제일 탄탄하고 제도화되어 있다. 경제단체들은 '경제적 초국가주의' 행태를 강화시키는 역할을 한다.

재태한인들은 종교기관이나 경제단체 등에 대한 신뢰와는 다르게 한인회 조직에 대해서는 인색한 평가를 하고 있다. 이는 한인회 조직이 한인들의 문화 적응 및 정체성에 큰 영향을 미치지 못하고 있다는 의미일 것이다. 일반적으로 한인회, 재향군인회, 노인회, 여성회, 한태상공회의소, 월드옥타 방콕지회, 민주평화통일자문위원회 등의 활동에 큰 관심을 보이는 부류는 대부분 교육 수준이 높고 현지 생활에도 성공적으로 적응한 경우이다.

어떤 사람들은 적극적으로 여러 단체에 가입해서 활동하기도 한다. 이런 활동을 통해서 이른바 '정치적 초국가주의' 행태를 뚜렷하게 보이고 있다. 이들은 태국 정치에 대한 관심도 나타냈지만 그것은 자신의 사업상 이익에 국한한다. 정착지(태국)에서 정치적 권력이나 영향력을 취득하기 위해 적극적으로 활동하는 경우는 찾기 힘들었다.

이들의 이 같은 행태에 대한 한 젊은 한인 사업가의 언급은 시사하는 바가 있다.

> 일단 해외에서 거주한다고 하면 믿을 만한 업체인지 판단하기가 어렵다. 하지만 재외국민으로서 한인회 단체장이나 간부직을 맡고 있으면 현지인들뿐 아니라 한국인들에게도 신뢰를 줄 수 있다. 회사 대표나 사장 직함보다는 한인회 회장 또는 한태상공회의소 소장 등의 직함이 하나 더 들어가는 건 확실히 다른 의미를 갖는다.
>
> 한인 주요 단체에 가입하면 자기들만의 관계를 형성하고 정보를 주고받는 등의 이익을 얻게 된다. 이런 걸 잘 이용하는 사람들도 있다. 대사관 행사에 자주 초청받는 사람들은 대사관과 관계를 돈독하게 해서 사업상의 이익을 취할 수도 있는 것이다.
>
> - 39세, 남성, 사업가

일부 계층이 큰 관심을 갖는 민주평화통일자문위원회(평통)는 각별한 의미가 있는 것 같다. 평통위원이 된다는 것은 건전하고 정상적인 대한민국 국민으로서 인정을 받는다는 것이기 때문이다. 이는 흔히 태국을 포함한 동남아시아 한인회장 자격을 둘러싸고 흘러나오는 불미스런 이야기들과도 관련이 있다. 그래서 수적으로 아주 제한되어 있는 평통위원에 참여하려는 한인들이 많다고 한다.

가장 대표적인 조직이지만 재외공관도 한인들에게 기대만큼 큰 영향력을 발휘하지 못하는 것으로 나타났다. 재외공관은 모국과 긴밀한 관계를 유지시켜 주며, 한인들의 초국가주의 행태를 강화시켜 주는 역할을 수행할 수 있는 곳이다. 어떤 한인은 문제가 생기면 가장 믿음직한 곳이 대사관이 될 것이라고 생각한다는 견해를 밝히기도 했지만 많은 한인은 대사관의 활동과 기능을 만족스럽게 생각하지 않았다.

사실이 어떻든 한인들은 대사관 업무가 VIP 의전에 치우쳐 있고, 한인들에게 직접적인 혜택을 주는 것이 없으며, 대사관과 관계있는 일부 한인단체나 개인들의 일에만 관심을 갖는다고 생각한다. 전문성이 부재하고, 태국 공무원 조직과 인맥에 어두워 일을 효율적으로 처리하지 못한다고 여기기도 한다. 이는 2~3년 단기 근무하고 한국으로 돌아가는 인사시스템의 문제가 주요 원인인 것 같다.[1]

요즘 이런 문제점을 해결하기 위해 현지 사정에 밝고 현지어를 능숙하게 구사하는 선임연구원, 전문직 행정직원 및 사건·사고 영사를 채용하기도 한다.

지난 40년 동안 교민정책이란 것을 본 적이 없었다. 교민 수는 크게 증가했으나 양에 비례해서 질적으로 개선된 정책은 하나도 찾아볼 수 없다. 많은 교민이 대사관에 의지하기보다는 친지의 도움을 받는 것이 낫다는 생각을 갖는다. 대사관 인원이 부족하고 업무에 시달리다 보니 그러리라고 일부는 이해가 되기도 한다.

- 69세, 남성, 사업가

교민정책은 전무하다고 느낀다. 대사관은 영향력 있는 특정 집단(한국 대기업이나 규모가 큰 사업을 하는 사업가 등)에 대한 정책만 갖고 있는 것 같다. 그들만의 리그라는 생각이 들기도 한다. 교민들은 문제가 생기면 영사콜센터에 연락해야 하지만 교민잡지, 한인회 등에 연락하거나 개인적으로 해결하고 있다. 대사관 직원들은 특권의식이 있는 것 같다.
한 관광객이 팟타야 가는 길에 교통사고가 나서 대사관에 연락했으나

---

1 한인들은 이와 같은 재외공관에 대한 불신을 해소하고 대사관이 한인들의 모국과의 관계를 강화시킬 수 있는 다음과 같은 다양한 방안들을 제시한다.
① 교민 사회 기득권층이 중심이 되는 것이 아니라 특성화된 지역별·기능별 조직 중심의 포럼을 개최하여 의견을 수렴하면 좋겠다.
② 일본과 같이 우리 대사관도 전문성이 필요한 보직에는 10년 정도 근무하도록 해서 전문성을 키우면 좋겠다.
③ 전문성을 강화하기 위해서 현지 네트워크를 활용할 필요가 있다. 요즘은 지방자치단체에서도 태국에 많이 진출하려고 하는데 중소기업연합회와 코트라 등에서 현지와의 연결을 도와주고 있다. 대사관도 스스로 처리할 수 없는 일이 발생하면 전문성을 갖춘 현지나 한국의 네트워크를 적극 활용하면 유용할 것이다.
④ 이주민 친화적인 재외공관의 역할을 강화하는 것이 필요하다. 여기에는 재외공관이 한인의 권익을 보호하고, 한인의 경제 교류 및 정치 진출을 실질적으로 중개하는 역할까지 포함한다.
⑤ 재외공관이 한인 교회, 경제단체 그리고 기타 한인 단체들을 효과적으로 네트워크화하는 방안을 강구할 필요가 있다.

그림 12 한국식 기와지붕을 형상화해 지어진 태국의 한국대사관

오지 않은 채 전화만 몇 차례하고 아무런 도움도 주지 않았다. 내가 낸 세금으로 월급 받는 사람이 내게 아무것도 해주지 않아서 섭섭했다. 우리 대사관은 전문성과 직업의식이 약한 것 같다.

- 52세, 남성, 저널리스트

태국 공무원 조직과 인맥에 어두워 일을 효율적으로 처리하지 못한다. 정무감각도 떨어져 태국 이민국 국장이 바뀌면 찾아가서 인사를 해둘 필요가 있는데 그렇지 못하다. 대사관 직원들은 2, 3년 있으면 떠나야 할 태국보다는 한국에 관심이 더 큰 것 같다. 일본 대사관은 전문성이 필요한 보직에는 10년까지도 근무하도록 해서 전문성을 키우고 있다.

- 46세, 남성, 사업가

외교부 직원들은 관료적이며 교민 사회는 한국 정부와 동떨어져 있다. 교민들이 같이 참여할 수 있는 행사가 많아지면 좋겠고, 교민 사회 인적 네트워크 구축을 도와주어야 한다.

- 37세, 여성, 대학원생

대중매체 역시 한국인들의 적응과 동화, 그리고 민족 정체성에 영향을 미친다. 이들은 각종 문화행사의 주최나 후원을 통하여 한인 사회를 결속시키는 역할을 수행한다. 현재 방콕 지역에는 한글로 발행되는 격주간지 1개(교민잡지)와 월간지 수개(교민광장, 마이코리아, 피플 등)가 있다. 인터넷 매체인 '한아시아'를 통해서도 한인 커뮤니티가 일부 형성되어 있다.

뿐만 아니라 요즘 한인들은 인터넷 TV(IP TV, Internet Protocol Television)를 통해서 한국 소식을 접한다. 언어 제약과 문화 장벽으로 인하여 한국의 TV 드라마와 영화를 보는 것이 일상생활에서 중요한 여가활동의 하나로 자리 잡고 있다. 이는 한인들의 문화 적응을 지연시키고, 현지 사회와 일정한 거리를 유지하며 생활하게 하는 원인이 된다고도 볼 수 있다.

마지막으로 한 가지 지적할 것은 사회경제적인 지위와 이민 후 사회문화적인 적응과의 상관관계이다. 일반적으로 높은 경제 지위와 교육 수준은 이민 후의 사회활동과 문화 적응을 촉진시키는 것으로 알려져 있다(Yim 1990).

그러나 2000년대 초반 이후 투자 이민과 기업 이민의 형태로 태국에 정착한 한국인들은 경제적인 부와 높은 교육 수준에도 불구하고, 활발한 사회경제 활동을 하지 않고 현지 사회와 격리된 상태에서 생활을 유지하고 있다. 따라서 현지 사회에의 적응이 매우 느리다. 이들은 취미활동이나 학연, 지연을 바탕으로 한 소규모 친목 조직에 참여하는 것 이외에는 한인 사회와도 일정한 거리를 유지하며 지내는 경향이 있다.

이외에 태국 한인 사회 한인들의 문화 적응 및 정체성과 관련해 정치적 초국가주의 행태에 관한 언급은 중요하다. 한 원로한인이 "한인들이 한국 정치에 관심이 많은 걸 보면 정체성은 변함없는 것 같다"고 말할 정도로 한인들은 한국 정치에 관심이 크다. 이런 관심

그림 13 방콕에서 격주간지로 발간되는 잡지로
한국인의 태국 적응과 동화에 큰 영향을 미친다

은 박근혜 탄핵과 관련한 촛불시위가 결정적인 계기가 되었다.

정치적 관심은 한국에서보다 태국에 와서 더 갖게 된 것 같다. 사실 한국에서는 정치에 관심이 크지 않았는데 촛불시위와 대통령 선거를 통해서 관심이 커졌다. 요즘은 북한 핵무기와 북한을 두고 벌이는 미국과 중국의 외교에도 관심을 갖는다. 아무래도 박근혜 대통령 탄핵시위를 거치면서 한국 정치에 관심을 크게 갖게 된 것 같다. 태국 정치에 대한 관심은 한국 정치에 대한 관심보다는 떨어지지만 정치가 불안하면 한국 관광객 수가 줄어들까 봐 많이 걱정된다.

– 38세, 남성, 회사원

촛불시위와 박근혜 대통령 탄핵사건으로 근래 정치적 관심이 높아졌다. 또 한국에서 온 사업가들이 한국은 살기가 힘들다고 하는 것을 보고 그 원인을 찾다 보니 경제도 정치와 깊은 관련이 있다는 것을 알고 정치에 관심을 가지게 되었다. 한국 종편의 〈썰전〉, 〈김어준의 뉴스공장〉 등을 접하다 보니 정치가 재미있어 보이기도 했다.

– 37세, 여성, 대학원생

촛불시위 때 보수 측에서 SNS를 이용해 정치적 입장을 활발하게 전달하는 것을 보았다. 교회에서도 자주 정치적 이견이 노출되는 장이 펼쳐지곤 했다. 한국대사관 앞에서 태극기 집회를 개최하려고 했으나 태국 정부의 허가를 받지 못한 적도 있다고 들었다. 60대 이상 보수층에서 정치적 입장을 적극적으로 개진하는 것을 보았다.

– 59세, 남성, 자영업

촛불시위와 박근혜 대통령 탄핵사건으로 근래 정치적 관심이 높아지기는 했으나 근본적으로는 한국보다 부유한 삶을 찾아 태국에 왔기 때문에 정치적 관심은 사치라고 생각한다는 의견도 찾아볼 수 있었다.

젊은 층들은 팟캐스트를 즐겨 청취한다. 태국 대학교의 한국어과에서 'Korea Today' 과목을 한국어로 강의하는 한국인 교수는 〈김어준의 뉴스공장〉, 〈정영진 최욱의 매불쇼〉, 〈김용민의 브리핑〉, 〈김용민의 정치쇼〉, 〈청정구역〉 등을 보면서 다양한 정치적 시각을 갖게 되었고 태국 학생들에게도 이러한 시각을 소개해준다고 했다(43세, 여성, 한국어과 교수).

한편으로 태국 정치에 관심 있는 사람들은 언어소통의 어려움으로 인해 태국 내 한인 미디어, 한국의 SNS, 연합뉴스 등을 많이 이용한다.

태국 한인 사회에서 문화 적응 및 정체성과 관련해서 경제력과의 관계를 주장하는 독특한 의견도 찾아볼 수 있었다.

돈 없으면 정체성을 유지하기가 어렵다. 자식들을 방학에 한국으로 보내서 정체성을 기르게 된다. 그렇지 못하는 경우 태국화되기가 쉽다. 돈 있으면 한국 음식을 먹지만, 없으면 태국 거리 음식이나 세븐일레븐 편의점 음식을 먹고 태국 사람과의 접촉도 더 많이 하게 된다. 돈 있으면 자식들을 아쏙에 있는 한국 입시학원에 보내 입시 준비를 시키는 등 한국식으로 생활한다. 돈 있는 사람은 자기 뿌리에 대한 집착이 강하다. 그래서 추석이나 설에는 무조건 한국에 들어간다. 반대 상황에 있는 돈 없는 사람은 그러지 못해서 점차 뿌리가 없어진다. 재태한인들은 왔다 갔다 하면서 살다가도 마지막 뼈는 한국에 묻히기를 원한다.

- 40세, 여성, 엔터테인먼트 사업

## 2. 사회계층의 분화와 상호갈등

### 1) 사회계층의 분화와 갈등

이 장에서는 한인의 사회계층 분화와 이에 따라 어떠한 갈등을 겪는지에 관해 살펴본다.

사회경제 지위가 다른 한인들은 삶의 방식에서도 상당한 차이를 보인다. 재태한인 중 확실한 직장이 없거나, 고령이거나, 사업에 실패했거나, 젊었을 때 태국으로 건너왔으나 자리 잡지 못한 사람 중 한국으로 돌아갈 형편이 안 되는 사람들이 증가하고 있다. 그들은 그나마 물가가 싸서 태국에 거주하는 경우가 많다. 생활이 어려운 사람들은 보통 문제 해결방식으로 한국과 관련된 일을 찾거나 통역 일을 하게 된다.

교민 사회는 피라미드 사회와 같다는 주장도 있다. 제일 밑에는 가이드와 현지채용 한국인이 있고, 그 위는 소규모 자영업자들이며, 다음은 태국에서 개인사업을 하는 한국 사람들, 제일 위는 대기업 주재원들이 층을 이룬다.

태국 내 최하위층은 한국인 가이드이다. 가이드는 법적 지위를 인정받지 못하고 있다. 과거와 달리 패키지 여행 자체가 많이 줄었고, 여행객들도 SNS 등을 통해서 여행 정보를 많이 확보하고 있기 때문에 수입도 크게 축소되었다. 심지어 한 달에 1~2만 밧(1밧는 약 35원)을 버는 가이드도 있다. 대부분의 가이드가 한국에서 살기 어려워 경제적인 이유로 태국을 찾아왔는데 생활이 힘들어 다시 귀국하는 경우도 많다.

> 가이드들은 프라람 3, 프라람 9, 랏차다 등 집값이 싼 곳에 모여 산다. 가이드 사이에도 빈부격차가 발생한다. 회사에서 능력 있는 가이드에게는 쇼핑을 많이 할 수 있는 재력 있는 관광객을 맡긴다. 가이드의 봉급은 한국 관광객이 현지에서 사용한 비용과 비례한다. 선택 관광(마사지, 음식점 업그레이드)이나 쇼핑이 주요 수입원이 된다. 가이드의 일상은 일이 없으면 집에 있고, 있을 때만 밖에 나간다. 못 사는 가이드는 카우니아우ข้าวเหนียว, 무삥หมูปิ้ง, 꾸어이 띠아우ก๋วยเตี๋ยว를 먹고 지낸다.
>
> \- 37세, 남성, 회사원

반면에 부유층의 생활은 완전히 다르다. 태국인 남편(대학교수)과 결혼하고 맞벌이하는 한국인 직장 여성은 딸 두 명을 태국의 정규 엘리트로 키우고 싶어서 태국 최대 명문 쭐라롱껀대학교 부속초등학교[สาธิตจุฬาฯ]에 기부금을 내고 입학시켰다. 생활이 풍족한 그는 노후를 위해서 태국과 한국에서 모두 의료보험을 지불하고 있을 뿐 아니라 한국의 국민연금도 내고 있다.

태국인 남성 사업가와 결혼한 한국 여성은 플루트 강사이다. 아침에 헬스클럽에 가서 개인지도를 받고, 친구 만나서 점심 먹고, 국제학교에서 한 주에 1회 강의하고, 개인레슨도 하고, 통역 일도 한다. 가끔 음악회나 오페라도 즐긴다. 태국은 문화공간이 절대 부족해서 백화점에 많이 놀러 간다.

방콕에는 3~8억 원대 콘도에 사는 사람도 있고, 월세 4,000밧짜리에 사는 사람도 존재한다. 국내 여행이나 인근 국가 여행, 골프, 스파와 마사지, 에스테틱 문화를 즐기고, 호텔 연 회원권이나 술집 멤버십 가입비가 몇백만 원에 불과해 고급스러운 생활도 누릴 수 있다.

이런 사회경제 지위가 한인 사회의 갈등을 유발한다. 한인들은 한인회, 교회, 사원 바자회 등에서 자주 만난다. 좋은 국제학교와 그렇지 못한 학교에 다니는 자녀를 둔 부모끼리 나뉘어 말들이 많다. 한국인이 운영하는 태권도장, 산수학원, 특례입학을 대비하는 한국 입시학원, 피아노 교습학원 등에 모인 여성들끼리 뒷담화를 하면서 갈등을 일으키기도 한다.

### 2) 주재원과 현채(현지채용)의 관계와 갈등

한인 사회에서 경제적으로 가장 부유한 집단은 주재원이다. 이들은 회사로부터 큰 혜택을 받기 때문이다.

> 월급은 고스란히 통장으로 입금이 되고 콘도와 자동차, 자녀 학비 제공, 유류비, 의료비, 품위유지비, 필수 식량까지 따로 받는다. 팀장과 법인장급은 7~8만 밧 콘도에 살고 과장급은 5만 밧 콘도에 산다. 법인장의 순수 월급은 40~50만 밧, 판공비는 10만 밧이다. 해외적응비(언어연수비)는 초기 3~4개월 나오는데 한 달에 3~4만 밧이 된다. 자녀 교육을 위한 국제학교 등록금은 75퍼센트 보조한다(일반 대기업 동일, 국제학교 등록금이 비싸서 100퍼센트는 보조하지 않고 있음). 의료비는 전액 지원한다. 성형수술을 하지 않는 이상 의료비 걱정을 안 한다. 법인장들은 쑤쿰윗 24 고급 아파트에 많이 살고 있다.
>
> \- 30세, 여성, 회사원

이런 주재원에 대한 현채의 시각 일단은 다음과 같다.

> 주재원은 현채의 상전과 같이 행동하며 현채는 많은 차별에 시달린다. 본사 화상채팅 회의 때 참석하지도 못한다. 태국인조차 현채가 자신들보다 못하다고 생각한다. 현채는 샌드위치 신세이다. 현채는 본사에 보내는 보고서에도 이름을 올리지 못한다. 모든 성과는 주재원에게 돌아

간다.

주재원은 월급 외에 현지 생활비, 특별 수당, 자녀 학비 보조, 자동차, 아파트가 다 제공된다. 하지만 현지화가 제일 안 돼 있다. 주재원은 어딜 가도 불안해서 현채를 대동하려고 한다. 현채는 가고 싶지 않은 회식 자리에 가야 하고, 가서도 시중을 들고, 술주정도 받아주어야 한다.

현채는 직급과 봉급 인상에 한계가 있다. 주재원과 똑같이 일하면서도 차별받는다고 상대적인 박탈감을 느낀다. 현지에서는 현채들이 오히려 업무를 주도한다고 생각한다.

주재원은 일도 많이 안 하면서 본사에서 나왔다고 부려먹으려고만 한다. 어설픈 현지어를 사용해서 분란을 일으키는 경우도 있다. 대부분 영어가 가능한 현지인을 매개로 영어를 사용하여 업무를 처리한다.

하지만 주재원이 보는 현채에 대한 시각은 조금 다르다.

현채는 국제학교에 다녀서 태국어가 약하고, 전문용어를 잘 모르며, 업무 능력이 떨어진다. 처음부터 모든 업무를 가르쳐야 한다. 현지인과 같이 행동하고, 같은 한국인인데도 태국인을 편드는 것 같다. 현채는 마인드가 태국인화되어서 한국 시스템에 부적합한 측면도 있다. 이들은 태국에 오래 살다 보니 주재원들과 문화적 차이도 생겨나서 한국인들의 회식 문화를 이해하지 못하는 경우도 있다.

이 사례들에서 알 수 있는 바와 같이 주재원과 현채는 일상적인

그림 14 쑤쿰윗 24에 위치한 고급 아파트 단지,
태국 주재원들은 회사에서 많은 혜택을 받고 있다

삶의 적응 및 사회편입 방식(현지화)에서도 상당한 차이가 있다고 볼 수 있으며 갈등도 심하다.

그러나 주재원과 현채와 갈등은 실제보다 과장된 경우가 많다. 이를 이해하기 위해서는 우선 현채에 대한 개념을 정리할 필요가 있다. 현채는 두 종류가 있다. 한국인으로서 한국 대학을 졸업하고 태국에 취업한 경우와 현지에서 대학을 마친 이른바 교민 2세의 경우가 있다. 일반적으로 현채의 애환을 극단적으로 이야기하는 경우 후자에 해당하는 것 같다(나이 미상, 남성, 대기업 현채 대리).

또 양자 갈등이 극명하게 나타나는 곳은 방콕보다는 지방의 생산공장인 경우가 많다는 사실이다. 지방 생산공장의 군대식 문화가 양자 갈등을 증폭시키고 있다고 볼 수 있다.

하지만 방콕의 경우는 사정이 다소 다르다. 주재원이 자녀 교육을 위한 12년 특례 혜택 때문에 스스로 현채로 직위를 바꾸어서 오랫동안 근무하려는 경우도 있다. 현채가 주재원과의 차별을 크게 느끼지 않고 주재원에 대한 부정적인 인식에 대해서 동의하지 않기도 한다(나이 미상, 남성, 대기업 현채 부장).

부장인 나는 직급이 낮을 때는 주재원과의 차별을 느꼈지만 직급이 오를수록 대우를 받게 되면서 그런 생각이 사라졌다. 주재원과 현채의 차별화는 법인장의 마인드가 많이 좌우한다. 주재원들은 자신들이 혜택을 많이 받는 것은 사실이지만 이렇게 누릴 수 있는 기간이 겨우 3~4년뿐이라고 생각한다. 또 책임을 못 했을 때는 본사에서 소환할 수 있다고 생각해서 항상 가시방석이다. 사실 1년 만에 소환된 경우도 있다. 그래서 생각하기에 따라서는 현채가 나은 경우도 있다. 현채는 태국 노동법의 적용을 받아서 함부로 그만두게 할 수 없어 직업 안정성도 훨씬 높다. 장기간 근무하면 자녀들은 국내 대학에 특례 입학을 할 수 있다.

주재원이라고 흥청망청 회삿돈으로 2차 유흥업소를 가는 문화는 사라졌다. 대부분 1차에서 식사와 함께 술을 마시고 마치게 된다. 우리 회사는 이렇게 바뀐 지가 10년은 된다. 경비 지불에 대한 모니터링 시스템이 철저하다. 법인장의 갑질이 일어나는 곳은 지방 중소기업이 아닌가 싶다. 공장 문화는 군대식이다.

나는 15년 근무하고 있다. 평균 1년에 1~2회 한국 방문 때 건강검진을 받는데 현채에게도 내부 규정에 의해 혜택이 주어져 70만 원 내외의 지원을 받는다. 36세 이상은 1년에 한 번 지원을 받고, 그 이하는 2년에 한 번이다. 이 제도는 주재원과 현채의 벽을 허물자는 차원에서 근래에 만들어졌다.

주재원과 현채의 봉급 차이에 대해서도 다른 시각이 있다. 여러 가지 사정을 고려하여 봉급이 책정되기 때문에 크게 차별감을 느낄 필요가 없다는 것이다. 입사 시에 연봉협상을 할 때 원하는 봉급을 써넣으라고 하는데 자신이 처한 환경에 따라서 알아서 연봉을 기입하게 된다.

한국에 산 사람들은 한국 물가에 맞게, 태국에 거주한 사람들은 태국에 맞게 연봉을 원한다. 회사에서는 언어 능력, 책임감, 사무 능력, 엑셀, 파워포인트 테스트를 통해서 연봉을 확정한다. 한국 현채는 8만 밧, 태국 현채는 6만 밧, 태국인은 1만 8,000~2만 밧을 받는다(나이 미상, 남성, 대기업 현채 부장).

주재원과 현채 사이 갈등의 연장선상에서 한인 사회 내 갈등이 표출되기도 한다.

> 한국 돌아가면 별것도 아닌데 회사 덕으로 태국 와서 잘난 체한다. 태국에서 누릴 것 다 누리고 살면서 태국이 선진국이 아니라는 이유로 무시하고 오죽하면 태국에서 살고 있니 하면서 교민들도 무시한다. 주재원들은 3, 4년 있으며 돌아갈 사람들이다. 태국 사회도 모르고, 태국말도 모른다. 그들이 주로 만나는 태국인은 집안 도우미뿐이다. 그들은 태국 사람들을 무시한다. 자기가 보는 것이 태국의 전부인 사람들이다.
>
> - 37세, 여성, 대학원생

### 3. 치앙마이 한인 사회

마지막으로, 이 장에서는 지금까지 주로 한인 사회 갈등의 사례를 소개했지만 이와는 달리 한인회의 활동이 모범적이라고 알려진 치앙마이 한인회에 대해서 살펴보기로 한다. 치앙마이 한인회는 소위 사회문화적 초국가주의 행태와 한인 정체성을 강화시켜 줄 수 있는 활동들이 활발한 것으로 알려져 있다.

2005년에 발족한 치앙마이 한인회는 재태국 한인회의 지부가 아니고 별도로 운영된다. 치앙마이 한인회장을 지낸 원로한인은 치앙마이 한인회는 방콕에 본부를 둔 재태국 한인회와는 인사, 회계상 아무 연관이 없기 때문에 지부라고 부르는 것은 온당치 않다고 주장한다. 가칭 '태국한인연합회'를 만들어 방콕을 포함한 지역 한인회를 그 밑에 두자고도 주장한다. 치앙마이 한인회에 대한 자부심이 엿보이는 언급으로 보인다(치앙마이 한인회 전 한인회장).

치앙마이 한인들은 한인회 행사, 한인 식당 무료행사, 일부 여행사들의 무료 1인 투어 행사(치앙마이, 치앙라이, 람푼 관광) 때 한인을 만난다. 교회 행사, 골프 행사, 테니스 동호회 등에도 참가하며 번개 모임을 갖기도 한다. 치앙마이 교민 10명과 한국 관광객 50명이 만든 골프 모임도 있다. 치앙마이 한인회는 한인이 교류하는 주요 공간으로 한인회 채팅방을 운영하고 있다(53세, 남성, 사업가).

치앙마이 한인회는 독특하게도 단체 채팅방Naver Band[2]을 운영해 여러 가지 다양한 활동을 하고 있다. 채팅방은 좋은 교류의 장이 되기도 하지만 갈등의 소지를 제공하기도 한다. 근래 한국에서 촛불시위와 박근혜 대통령 탄핵이 한창 진행될 때 채팅방에서는 정치적 입장이 엇갈

2 2018년 3월 20일 현재 단체 채팅방 참가 인원 수는 647명이다.

그림 15 2005년 발족한 치앙마이 한인회는
재태국 한인회의 지부가 아니고 별도로 운영된다

렸다. 또는 종교적인 문제로 인한 갈등이 발생하기도 하는데 주로 기독교 측에서 채팅방에 좋은 이야기를 소개한다고 하지만 다툼의 여지가 발생하기도 했다. 뿐만 아니라 유사한 비즈니스를 하는 교민끼리 서로 채팅방을 홍보에 이용하려다 업체 간 다툼으로 번지기도 한다.

- 치앙마이 한인회 사무국장

한인회에 대한 한인의 관심도를 측정하기 위해서 홈페이지와 단체 채팅방 자료를 살펴보았다. 재태국 한인회 홈페이지에 따르면 2017년 개인/가족 연회비는 각각 2,000밧과 3,000밧이며, 법인 연회비는 5,000밧 이상인데, 2017년 개인/가족 연회비는 총 19만 2,000밧을 거두었다. 이를 개인 회비로 계산하면 100명이 채 안 되는 수이다.[3]

치앙마이 한인회 개인/가족 연회비는 각각 1,200밧, 2,000밧이며, 법인의 연회비는 5,000밧이다. 2017년 개인/가족 연회비는 총 10만 2,200밧을 거두었다. 이를 개인회비로 계산하면 61명 분이다(치앙마이 한인회 단체 채팅방 네이버 밴드).

두 곳의 한인회를 비교하면 치앙마이 한인회의 납부자 비율이 훨씬 높고, 한인회에 대한 관심 역시 상대적으로 높다는 추론이 가능할 것이다.

3 http://www.thaikorean.kr/ko/한인회비-납부자-내역 (검색일: 2018. 03. 19.)

# 3장

# 현지인과의 상호인식과 관계

## 1. 상호인식과 사회적 가치관의 상이성

베리(Berry 1987)는 문화 적응 유형을 이주 사회 참여 정도와 민족 문화 및 정체성 유지 정도에 따라 구분했는데, 이는 타민족과의 관계를 통해 잘 살펴볼 수 있다. 앞에서 본 것같이 한인들은 태국 사람과의 관계 맺기와 현지 사회에 대한 참여가 소극적인 편이다.

이 장에서는 이런 한인들의 태국인들에 대한 인식은 어떠하며, 어떤 관계가 형성되고 있나를 살펴본다. 한인들의 태국인에 대한 인식과 관계는 다층적으로 나타나는데 한인들이 직원으로 고용한 현지인에서부터 파트너로 지칭하는 대상에 이르기까지 여러 층위의 현지인들과 어떤 형태로 관계가 형성·유지되고 있는가를 서술해보고자 한다.

### 1) 한국인에 대한 인식

한·태 양국은 1950년 6.25전쟁으로 밀접한 관계를 맺게 되었다. 태국은 한국에 4,000명의 지상군을 파견해 아시아 국가 중 첫 번째 파병 국가가 되었다. 1960년대 말까지만 해도 태국은 한국을 6.25전쟁 때 군대를 파견하여 도와준 적이 있던 나라이며 경제적으로도 자신들의 수준에 아직 미치지 못하는 나라로 인식했다. 그러나 한국이 급속한 경제성장을 이루면서 이런 인식은 바뀌어 갔다.

한국의 1인당 GNP가 태국을 앞서기 시작한 때는 1968년부터였다. 태국 사람들은 이후 한국을 아리랑과 인삼의 나라, 새마을 운동을 성공시키고 빠른 경제 발전을 한 나라, 86아시안게임과 88올림픽, 2002년 월드컵을 성공시킨 나라라는 긍정적인 인식을 갖게 되었다. 이렇게 축적된 인식들이 2000년대 초부터 시작된 한류 열풍의 기반이 되었다고 볼 수 있다.

태국 사람들의 한국인 이미지는 상반된 두 가지가 섞여 있다. 이를 양국 관계 발전 시기별로 좀 더 자세히 살펴보면, 양국 간 교류가 본격화되는 1980년대 중후반 태국 사람들은 한국인들의 투자 초기 노동집약적 제조업 공장에서 빈번하게 발생했던 노사분규와 태국 관광 초기 한국인들의 행태에 대해서 부정적인 이미지를 갖고 있었다. 하지만 2000년대 들어서 한류가 태국 사회에 중요한 사회 현상으로 대두되면서 한국인에 대한 이미지는 눈에 띄게 긍정적으로 바뀌었다.

이 두 가지 이미지는 양국의 핵심적인 역사적 관계를 함축하고 있을 뿐 아니라 한인과 태국인이 현지에서 맺고 있는 관계의 두 가지 다른 양상을 만들어내게 된다.

#### (1) 한국 투자 초기 공장과 관광 부문에서 생겨난 이미지

한국은 초기 태국 투자와 관광 부문에서 한국인에 대한 부정적인 이미지를 심어주었다. 필자가 2002년 현지 한국인 공장에서 인터뷰한 태국 여성 종업원은 한국인에 대한 이미지를 다음과 같이 설명한 바 있다(김홍구 외 2005: 236-237).

> 한국인들은 동정심이 없다. 일을 너무 많이 시키고 [...] 태국인들을 비방하고 모욕하는 말을 너무 자주, 그리고 큰 소리로 이야기한다. 특히 개XX라는 욕을 많이 한다. [...] 한국 사람들은 정말 무례하다. 모든 것이 자기 기분에 달려 있는 것 같다. 기분에 따라 마음대로 하는 경향이 강하다. 그래서 큰 소리를 자주 지른다. 한국인의 성격은 독선적이고 엄하고 권위주의적이다.

이런 언급은 한 개인이 겪었던 경험에 따라 과장되기도 하겠으나 사실의 일단임은 확실하다. 극단적인 반한감정은 한국에서 임금 체불과 학대, 차별대우를 경험하고 돌아간 태국 노동자를 중심으로 발생하기도 했다. 2004년 초부터 몇 차례씩이나 태국 주재 한국 대사관과 대한항공 방콕지점에 태국 반한단체 아키아Anti Korea Interests Agency, AKIA 명의로 한국행 비행기를 대상으로 테러를 벌이겠다는 협박편지가 배달된 적이 있다.

한국 경찰 관계자는 "아키아는 한국에서 불법체류를 하다 추방되거나 입국이 거부된 태국인들이 구성한 단체로 알려져 있으며 구체적인 실체나 구성원은 알려지지 않았고, 현재 태국 경찰과 공조수사를 펴고 있다"고 했다. 불법체류 노동자들의 불만은 단순히 한국에서 강제로 출국당했기 때문은 아니다. 노동자들은 임금문제나 열악한 노동환경뿐 아니라 한국 사람들이 기피하는 일을 하는 자신들을 열등한 인간으로 취급하고 모욕감을 준다고 생각한다(김홍구 2005:136-137).

태국을 방문하는 한국 관광객을 통해서 한국인에 대한 부정적인 이미지가 만들어지는 경우도 많았다. 일부 한국 관광객들의 추태관광, 보신관광은 한국과 한국인들의 이미지를 크게 실추시켰다. 한국 관광객들은 불법 포획한 반달곰 웅담의 최대 고객이 되어 태국인들의 눈살을 찌푸리게 만들었다. 한국 관광회사의 불법 한국 가이드 채용과 덤핑 관광, 바가지 관광은 태국 정부의 요주의 단속 대상이 되었다.

한국 가이드 단속에 관한 태국 관광청 공문에는 이런 지적이 적나라하게 드러났다.

> 한국 투어의 이기적인 자세가 전체 태국 관광업의 본질을 흐리고 있다 [...] 한국인 및 태국인이 협조하여 관광객을 속여 투어 및 쇼핑에서 과다한 요금 및 가격으로 폭리를 취하고 있다.
>
> - 티엔티다 타마짜른낏 2002: 152-153

태국 경찰은 여행경비 정산문제를 놓고 다투다 한국인 여행 가

그림 16 쑤쿰윗 12 한인타운의 야경, 사람들이 한가하게 여유를 즐기고 있다

이드를 살해한 혐의로 같은 직장의 한국인 동료를 체포했다고 발표하기도 했다(연합뉴스 2004. 05. 02.).

현재 한국 관광객에 대한 초기의 부정적인 이미지는 많이 바뀌었다고는 하지만, 일부에서는 여전히 나타난다.

> 나는 한국 관광객과 가이드들의 추한 모습을 가끔 목격한다. 한국 남성들의 마초 근성은 20~30대들의 쑤쿰윗 12의 밤 문화에서 볼 수 있다. 이들은 대부분 가이드나 자유여행객들이다. 이들이 한국 남성의 이미지에 먹칠하고 있는데 그 맞은편에는 한국문화원이 있다. 여성을 돈으로 사는 문제는 세상 어디나 같겠지만 나는 내가 태국 여성과 사귄다는 걸 그런 눈으로 바라볼지 몰라서 같은 또래 한국 남성들과 어울리지 않는 편이다.
>
> – 35세, 남성, 학원장

#### (2) 한류의 확산과 국가 이미지 제고

한류의 확산은 국가 이미지 제고에 전반적으로 긍정적인 영향을 미쳤다. 긍정적인 시각에서 태국인이 보는 한국인 이미지는 부지런하고 근면하며, 집중을 잘하며, 하면 된다는 적극적인 생각을 갖는다는 것이다. 급속한 경제성장을 이룬 부러운 나라 한국에 대해서 갖는 이러한 긍정적인 이미지는 한류 열풍이 일어나면서 더욱 제고되었다고 볼 수 있다.

한국국제문화교류진흥원의 『2018 해외한류실태조사』[1]에 따르

그림 17 태국인 대상 2021년도 한국 요리 콘테스트에서 우승한 이들이 기념촬영을 하고 있다

면, 태국에서 한국에 대한 인식은 '경제적으로 선진국이다'가 긍정 응답률 77.8퍼센트로 가장 높고, 그다음은 '우리에게 우호적인 국가이다', '호감이 가는 국가이다' 순으로 높다(한국국제문화교류진흥원 2018: 158).

태국에서 한국의 대중문화를 접한 이후 한국에 대한 인식이 긍정적으로 변했다고 응답한 비율은 72.8퍼센트이며, 반면 한국의 대중문화를 접한 이후 한국에 대한 인식이 부정적으로 변했다는 의견은 2.5퍼센트로 매우 낮았다. 태국에서 한국의 연상 이미지도 'K-팝'이 18.3퍼센트로 가장 높게 나타났으며, 그다음은 '한류 스타', '뷰티', '드라마', '한국 음식' 순으로 높다(한국국제문화교류진흥원 2018: 160).

하지만 한류를 접한 후 한류 콘텐츠와 한국인에 부정적인 생각을 갖게 된 경우도 있다. 태국에서 한류 콘텐츠를 향한 부정적 인식에 공감하는 비율은 40.3퍼센트로, 2016년 대비 23.3퍼센트가 크게 증가했다. 이유를 살펴보면, '남북 분단 및 북한의 국제적인 위협 관련 보도' 때문이라는 응답이 25.5퍼센트로 가장 높고, 그다음은 '콘텐츠가 지나치게 상업적', '한류 스타 및 유명인의 부적절한 언행'이 언급되고 있다(한국국제문화교류진흥원 2018: 172).

태국인은 가끔 TV에 나오는 이미지와 너무 다른 한국인을 보고 부정적인 시각을 갖는다고 자주 말한다.

---

1 한국국제문화교류진흥원의 『2018 해외한류실태조사』 분석에는 필자도 참여하여 여기에 인용해둔다.

2015년에 한국 XX이라는 무역회사에 근무하면서 처음 한국인을 만나서 설레었다. 그때까지는 한국 드라마에서만 한국을 접했다. 드라마에서 한국 남성이 정말 멋있고, 열정적으로 일하는 데 감탄했다. 그래서 한국인은 똑똑하고 부지런하다고 많이 기대했다. 아래층 건물 XX라는 무역회사나 XX에 근무하는 친구들을 통해서 들어보면 한국인들은 매일 소리 지르고, 책상을 쾅 치며 화를 잘 낸다. 그러면 근무하던 태국 사람은 눈치 보며 조용해진다고 했다.

- 32세, 여성, 회사원

한국 드라마와 달리 우리 부장님은 화를 잘 낸다. 내가 설명하면 말을 안 듣는다. 한국인은 절대 남의 말을 안 듣는다. 내가 제일 잘 알아 하는 식이다.

- 27세, 여성, 회사원

한류 영향으로 한국어과에 입학한 태국 학생이 빙수 가게에서 아르바이트했는데 주인이 무례하게 사람을 대하는 것을 보고 이미지가 바뀌었다고 하는 말을 들었다. 한국보다는 일본을 훨씬 좋아한다. 일본인은 매너가 있지만 한국인은 너무 직설적이다.

- 45세, 여성, 대학교수

필자의 2018년 설문조사(한국·태국 비즈니스 문화 설문조사)에 따르면 태국인이 바라본 한국인에 대한 이미지는 다음과 같다.

그림 18 태국에 있는 한국문화원, 다양한 한국 관련 행사를 한다

한국인은 성실하다. 팀워크가 좋다. 업무 의욕이 강하다. 계획성 있게 일한다. 가정보다 회사 업무를 우선시한다. 소리가 크다. 감정적이다. 성격이 급하다. 일할 때 자주 야단을 친다. 바라는 대로 빨리 일을 해야 한다. 일할 때 실수하는 걸 싫어한다. 어떤 것을 하고 싶을 때 꼭 즉시 해야 한다. 다른 사람의 의견을 듣지 않는다. 너무 지나치게 일을 빨리 한다. 기분에 따라 행동한다. 문제가 있을 때 직원의 설명을 별로 듣지 않는다. 태국인을 무시한다. 가끔 회의장에서 한국어로 이야기하면서 자기들끼리 합의하고 아무것도 말해주지 않는다.

- 김홍구 2019: 121-166

### 2) 태국인에 대한 인식

1980년대 이전 한국의 태국에 대한 인식은 6.25전쟁 당시 파병을 한 고마운 국가, 국왕과 불교의 국가, 킹스컵으로 알려진 국가 정도였다. 그러다 1980년대 중반 이후 몇 차례의 계기를 통해 인적·물적 교류가 빈번해지면서 태국인에 대한 고정적인 인식이 생겼다.

한국 기업의 태국 진출이 본격화되면서 생산공장에 고용된 태국인 노동자들과 이후 2000년대 이후 국내에 유입한 태국 노동자들을 통해서 태국에 대한 인식이 구체화되기 시작한 것이다.

필자의 2018년 설문조사(한국·태국 비즈니스 문화 설문조사)에 따르면 한국인의 눈으로 바라본 태국인에 대한 인식은 다음과 같다.

공과 사를 구분하지 못한다. 사소한 이유로 아무렇지도 않게 결근하는 경우가 있다. 일할 때 느긋하다. 자존심이 강하다. 급한 일을 마치지 않았는데 퇴근시간이라고 퇴근하는 경우가 있다. 근면성과 성실성 등에 문제가 있다. 대체적으로 책임감이 없으며 수동적이다. 반복적 실수에 대하여도 미안함이나 죄책감을 느끼지 않는다. 정확한 의중을 알기 어렵다. 책임을 회피한다. 자기 업무 이외의 일을 하려 하지 않는다. 본인의 실수나 잘못을 인정하지 않는다. 자기 의사 표현이 부족하다. 업무 시 협력해서 하지 않는다. 함께 같이하자는 의미를 이해하지 못한다. 회사에 대한 애착심이나 자기가 하는 일에 대한 자부심이 없다. 책임감이 전혀 없으며 책임감을 가지고 소신껏 하도록 여건을 만들어주어도 두려워한다. 자신의 잘못이 있어도 사과나 인정을 하지 않는다. 사고나 문제를 일으키고도 웃는다. 무조건 모르겠다고 답변한다. 노력하지 않는다. 업무 지시를 받고 타당한 이유도 없이 무조건 '안 된다', '불가능하다'라고만 한다. 실수에 관해서 인정을 잘 안 하는 편이다. 오늘 해야 할 일을 내일로, 이번 주에 해야 할 일을 다음 주로 미룬다. 한국인은 일할 때 급한 일과 나중에 해도 될 일을 구분해서 급한 일부터 처리하는데 태국 직원들은 본인이 현재 하는 일부터 처리하고 다음 일을 시작한다. 미팅시간에 자주 늦는다. 급한 일이라고 해도 서두르는 기색이 없다. 문제를 해결하려는 태도를 딱히 보이지 않고 소극적이다. 융통성 부족으로 시키는 것 하나만 하려는 성향이 강하다. 직업 선택에 있어서 돈을 중시한다. 이직률이 높다.

– 한국·태국 비즈니스 문화 설문조사

## 2. 가치관의 상이성

한국인과 태국인은 각각 독특한 역사 경험과 고유한 문화 환경의 차이로 말미암아 독자적인 문화를 형성해왔기 때문에 서로 상이할 수밖에 없다. 앞의 대비되는 인식 차이는 사회 가치관의 다름에서 기인한다. 태국 문화의 특성을 살펴봄으로써 한국 문화와의 상이성을 찾아보기로 한다.

미국의 인류학자인 엠브리John F. Embree는 태국 문화에 관해서 다음과 같이 언급했다(Embree 1950: 182).

> 서구 또는 일본이나 베트남인들이 느끼는 태국 문화의 첫 번째 특징은 국민의 개인주의적인 성향이다. 태국에 오래 거주할수록 규율의 부재를 느끼게 된다. 일본과는 대조적으로 질서정연함이 부족하며 미국과 비교하면 행정규칙에 대한 존경심이 부족하고 시간관념이 부족하다.

엠브리는 결론적으로 태국 사회를 느슨하게 구조화된 사회loosely structured social system라고 특징지었다. 이러한 특징은 태국인의 개인주의적 성향과 관련된다. 태국인은 집단의식이 부족하며 사회 의무와 책임의 한도 내에서, 사회에 큰 해를 끼치지 않는 범위 내에서, 개인적인 성향에 따라 활동한다. 개인주의는 상좌부불교와 풍요로운 자연환경에서 기인했다.

태국 사회는 느슨하며 개인주의 성향이 강하게 나타나는 반면에, 권위에 복종하고 신분의식이 강하게 나타나기도 한다. 이는 아윳타야 왕조Ayutthaya(1350~1767) 이래 가혹한 절대주의 통치체제에서 비롯되었다. 왕은 신과 같은 지위에 있으며 통치 권력은 왕 한 사람만의 것이고, 생명의 주인·영토의 주인으로서 절대적 통치권을 행사했다. 이런 전통은 태국인들이 절대 권위에 복종하게 만든 주요한 원인으로 작용한다.

태국 사람들은 이와 같은 개인주의와 권위주의를 만들어낸 여러 요인들에서 기인한 다양한 가치관—탐분ทำบุญ, 남짜이น้ำใจ, 마이뻰라이ไม่เป็นไร, 끄렝짜이เกรงใจ, 짜이옌ใจเย็น, 연장자 우대, 콰싸눅ความสนุก, 운명에 대한 호기심—을 갖는다.

불교에서 공덕을 쌓는 것을 목적으로 하는 탐분공덕 쌓기의식은 태국 문화를 이루는 중요한 문화 요소 중 하나이다. 탐분은 불교 가치관을 대표하는 태국인의 정신이 반영된 의례화된 행위이다. 태국인들은 불교의 교리에 따른 선업선과善業善果, 악업악과惡業惡果의 법칙을 믿으며, 그에 따라 승려나 사원, 또는 불우이웃에 대한 탐분 행위를 일상화한다.

태국인은 남짜이, 우리말로 인정人情이라고 번역될 수 있는 정서를 지녔다. 불교의 가르침인 자비로움과도 같은 것이다. 남짜이는 친구나 이방인들을 친절하게 대할 때 잘 나타난다. 이방인이 농촌 마을을 방문했을 때 친절하게 대접하는 것이 태국인들의 심성이다.

마이뻰라이 역시 불교의 정신세계를 반영하는 가치관의 일면이다. 태국인들은 나쁜 일을 당했을 때 체념이 빠르다. 태국인들은 마이뻰라이(천만에요 또는 괜찮아요라는 뜻)라는 말을 자주 사용하는데 불교의 업의 교리에 의한 것으로 볼 수 있다. 즉 현세의 행, 불행이 모두 과거 선업과 악업의 소산이라는 믿음을 갖기 때문이다. 이와 같이 탐분, 남짜이, 마이뻰라이 등은 불교의 교리와 가치가 표현된 태국인 정신세계의 특징을 가진 개념들이다.

짜이옌은 냉정함을 의미한다. 어떤 일에 간섭하지 않고 성내지 않으며 자신의 감정을 억제함을 뜻한다. 냉정함을 갖고 불행한 일을 피하며 각 상황에서 즐거운 것을 취하기 때문에 태국인은 다른 사람들과 직접 충돌하는 것을 회피한다.

태국인들은 다른 사람을 직접적으로 비난하거나 괴롭힘으로써 생겨나는 불필요한 갈등을 극력 회피하며, 이런 일을 하는 것은 사회 조화를 깨뜨리는 위험한 일이자 무지하고 미성숙한 일로 인식한다. 그래서 직접 불만을 표출하거나 내색하지 않는다. 태국인들의 이러한 성격을 끄렝짜이라고 한다.

일본어에 혼네本音와 다테마에建前라는 말이 있다. 개인의 본심과 사회 규범에 의거한 의견을 나타내는 말이다. 흔히 본심과 배려, 속마음과 겉마음으로 불린다. 일본인은 이 두 가지를 구별하여 사용하는 데 익숙하다. 이런 성격(속마음을 숨긴다)은 태국인도 유사하다(끄렝짜이). 그래서 일반적으로 태국인과 일본인의 성격이 유사하다는 애기를 한다.

태국인들은 연장자를 우대하는 오랜 전통을 지니고 있다. 앞서 지적한 바와 같이 태국인들은 권위에 복종하는 습성이 강한 편이기 때문에 전통적인 예절교육의 일환으로 어려서부터 연장자를 존경해야 한다는 교육을 받고 자란다. 이러한 예는 모르는 사람이라도 윗사람에게 가족 내에서 쓰는 호칭(피พี่-형, 넝น้อง-동생)을 사용하는 데서도 잘 나타난다.

한편 이러한 연장자 우대의식은 국가 단위에서 단결심을 고양하는 효과를 가진다.

태국인들은 콤싸눅즐기는 일을 좋아한다. 비록 많은 이익을 주더라도 즐겁지 않으면 하지 않는다고 한다. 태국인들은 오락행사를 즐기는데 풍부한 자연환경에서 기인한 물질적·정신적 풍요로움 때문이라고 볼 수 있다. 그러나 이러한 가치관이 일에 대한 진지성을 해치는 경우도 있다.

이외에 태국인들은 운명에 대한 호기심이 강하다. 방콕의 길가나 백화점 같은 곳에서 점성술을 보는 사람들을 흔하게 발견할 수 있다(김홍구 2016: 62-68).

### 3. 상호관계와 갈등 양상

태국 한인과 현지 태국인의 사회문화적 관계와 여기에서 발생하는 갈등 양상을 서술하자면 한인은 대부분 고용자나 소비자의 위치에서 태국인과 관계를 맺는다는 사실이 전제된다. 이런 특별한 사정과 더불어 앞에서 언급한 이질적인 문화에 대한 몰이해가 갈등을 악화시킨다고 볼 수 있다.

### 1) 회사(공장) 내에서의 양자관계

태국 한인 사회에서는 현지인과의 접촉이 가장 많다고 할 수 있는 회사(공장) 내에서의 양자관계에서 가장 많은 갈등이 발생하고 부정적인 상호인식이 강하게 나타난다. 이는 태국인의 개인주의, 권위주의, 낙천성, 끄렝짜이 등에서 발생한다.

통상적으로 태국인들은 개인주의가 강해 주로 자기 업무에만 충실한 편이며, 남의 일에 간섭하는 것을 좋아하지 않는 것으로 알려져 있다. 하지만 이는 횡적인 협조가 잘 이루어지지 않음을 의미하기보다는 업무 분담이 그만큼 잘되어 있다는 뜻일 수도 있다.

> 태국인의 업무습관은 개인적이고 이해타산적이다. 급한 상황이 발생해도 개인적인 일 때문에 업무를 그만두고 집에 가버리는 경우가 있다. 시키는 것만 한다. 업무에 속도감이란 것이 없다. 업무의 경중을 가리지 못한다. 적기에 끝마쳐야 하는 것을 모른다. 태국에서 배울 점도 있다. 예를 들면, 감정을 드러내지 않고, 남을 배려하고, 친절하며, 예의가 바르다는 것이다. 한국인은 강하다. 목소리가 크다. 태국인을 무시한다. 상대방의 말을 경청하지 않고 업무 지시가 일방적이다. 배려가 부족하다. 태국과 같은 하모니가 없다. 태국인은 겉과 속이 다르다. 한·태 두

민족 간 성격이 판이하다.

- 46세, 남성, 사업가

다음은 태국인 노동자들이 직급보다 연령을 중시하는 태도가 직접적으로 반영된 사례이다.

한국인들은 자기들이 상사라는 점을 항상 강조한다. 그래서 큰 소리로 말하고 지시하며, 때로 으름장을 놓기도 한다. 그중에는 종종 나보다 나이가 어린 사람들도 있다. 태국에서는 나이가 중요한데, 한국인들은 나이보다 직급이 더 중요한 것처럼 보였다. 물론 그들은 엄연히 상사이다. 그래서 많이 참았다. 하지만 나이가 어린 사람이 큰 소리로 꾸짖고, 그것도 다른 사람들이 보는 앞에서 꾸짖거나 욕을 하면 참기 어렵다. 이게 내가 겪은 어려움이다. 태국에서는 나이와 경륜, 그리고 경력 등과 같은 것이 가장 중요하다. 나이를 고려하지 않고 자기 부하라는 이유로 마구 대하는 것은 잘못된 일이라고 생각한다. 이 점은 한국 사람들이 고쳐야 한다고 본다.

- 30세, 여성, 회사원

권위주의와 관련해서 태국인은 권위 복종에 익숙하고, 한국인은 권위 행사에 익숙하다고 할 수 있다. 태국인은 부하가 상사에게 먼저 그 이유를 묻고 서로 대화를 통해 해결책을 모색하려는 성향이 강한 데 반해, 한국인 상사는 일방적으로 지시하고 부하는 따라야 한다고 생각하는 것이 일반적이다. 이러한 문화 배경에서 살아왔기 때문에 "한국인 상사들은 기본적으로 듣는 습관이 부족한 편이다."

태국인의 낙천성 때문에도 종종 갈등이 발생한다. 태국인들은 한국 사람들은 한마디로 참을성이 없고 성격이 급한 반면, 태국인은 성격이 느긋하며, 여유가 있다고 한다. 이는 풍요로운 자연환경으로 인해 생존에 심각한 위협을 받은 적이 상대적으로 적었기 때문인 것 같다.

이에 반해 한국인들은 생존에 강박관념을 갖고 있으며, 식량이 부족한 겨울을 넘기기 위해 저축이 필수 요건이 되었고, 생산성 목표를 설정하고 이를 달성하고자 하는 의지와 욕구가 팽배해질 수밖에 없었다고 볼 수 있다. 따라서 한국인은 실행에 급한 태도를 보이는 반면, 태국인은 사태 분석을 위한 토론이나 심사숙고의 과정을 즐기는 문화를 만들어냈다고 볼 수도 있다.

태국인은 즉흥적이며, 열성적이지 않았고, 심각성이 없고, 임기응변적이며, 위기를 쉽게 넘어가려 한다. 태국인이 보는 한국인은 급하고 화를 잘 내고, 감정 변화가 심해서 속이기도 쉬운 사람이지만 기분파고, 착하고, 친절하다는 이미지를 갖는다.

- 52세, 남성, 저널리스트

같은 회사 근무자들에게서 느낄 수 있었던 것은 감독하지 않으면 일을 설렁설렁한다는 점이었다. 또 작은 일에는 신경을 쓰지 않으며 시간관념도 없었다. 이런 문제로 화를 내면 이해를 하지 못했다. 내가 처음 태국생활을 하면서 느꼈던 점은 태국 사람은 사회생활에 쫓기지 않고 여유가 있어 보였던 것과 친절성이었다. 현재 여행사 오피스와 공항에서 여행사 업무를 도와주는 태국 친구들과 주로 접촉하면서 생활한다. 이들의 한국인에 대한 이미지는 일하면서 화를 잘 낸다는 것이다. 하지만 업무 외적으로 한국인은 마음씨가 착하다고 인정한다.

- 38세, 남성, 회사원

7년 동안 한국 회사에 다녔는데, 컴퓨터엔지니어링을 전공했으나 대부분 세일즈 부서에서 일했다. 한국인은 진심을 갖고 열심히, 심각하게 일한다จริงจัง. 일할 때도 열심히, 놀 때도 열심히, 일과 노는 것을 분리하며 목표가 뚜렷하다. 화를 잘 내지만 오래 담아두지 않으나 태국인은 오래 담아둔다. 한국인이 문제점을 지적하면 태국인은 그것에 감정이 실려 있다고 생각하는 경우가 많다. 그리고 뒷담화를 한다ซุบซิบ. 반면에 태국인은 그저 그렇게 대충대충 그런 게 있다. 한국인은 모두 급하다ใจร้อน. 한국 사람들은 '빨리빨리', '알았어?', '진짜?' 등의 강제적인 어법을 잘 사용한다. 한국인은 태국인에게 욕을 잘하지만 이상하게 한국인끼리도 욕을 한다. 죽기살기로 욕하는 경우도 있다. 서류를 찢고 던져 버리기도 한다. 태국에 있는 한국인 회사 조직을 '태병대(태국 속 한국 해병대)'라고도 한다. 한국인은 행동이 강하다.

- 36세, 여성, 회사원

한국인이 태국인 고유의 끄렝짜이를 이해하지 못해 갈등이 발생하기도 한다. 한국인들이 '큰 소리 치기'를 통해 자신의 감정이나 심적 상태를 여과되지 않은 상태로 쏟아내는 특성을 지녔다면, 이에 반해 태국인은 감정을 노골적으로 드러내지 않고 숨기거나 우회적으로 표현하는 것을 미덕으로 여긴다. 태국인들의 이러한 태도나 가치관은 감정을 에둘러 말하지 않고 직접적으로 표현하는 데 익숙한 일부 한국인들에게는 매우 생소한 문화 경험을 가져다준다.

> 일반적으로 태국인은 창의력이 없다. 규정을 잘 지킨다. 온순하다. 물어보아야 대답한다. 주어진 일에 대해서는 책임감이 강하며 편하고 친절하다. 속내를 모른다는 점에서 악어의 미소가 생각난다. 지시할 때는 하나하나 구체적이고 상세하게 해야 한다. 그렇게 하면 모든 일이 합리적으로 잘 풀린다.
>
> - 45세, 남성, 사업가

> 한국인은 욕을 잘한다. 말이 안 통해서 욕이 먼저 나가는 경우도 있지만 [...] 심각한 문제에 태국인은 웃는 경우가 있어서 ×년, ××년이라고 욕설을 퍼붓는다. 오래 일한 직원들은 또 시작하는구나 생각도 하지만 새로 들어온 직원들은 울기까지 한다. 그래도 심각한 상황에서 태국 종업원들이 웃으니 사람을 미치게 할 정도이다.
>
> - 50세, 여성, 스파 주인

심각한 상황에서 태국인이 웃는 것은 겸연쩍어서 직설적으로 얘기하지 못하기 때문이다. 이에 반해서 한국인은 무척 직설적이다.

> 한국인은 직설적이고, 소리가 크다. 인정은 많지만 별로 웃지를 않아서 무섭다. 태국인은 직설적인 사람을 별로 만나지 못해 한국 사람에게 적응이 잘 안 된다. 직원으로서 호텔 부킹을 잘못하면 태국인은 사정을 들어보고 대개 잘못을 수용하지만 한국인은 불평불만이 심하다. 한국인이 잘 사용하는 말은 '먹고 죽자', '뭐가 무서워', '대리운전', '진짜' 등이다.
>
> - 25세, 여성, 회사원

앞의 태국인에 대한 부정적인 인식이나 평가는 일방적인 것일 수 있다. 한국인들이 태국인에 대해 가진 일반적인 이미지, 즉 '태국인은 시키는 일만 한다'라든지 '태국인들은 성실하지만 창의력이 부족하다'라든지, '태국인들은 느리고 게을러서 일을 철저하게 처리하지 못한다' 등의 평가는 선천적인 유전형질에 의해 결정되기보다는 후천적인 문화 배경이나 환경에서 만들어지는 경우가 많다. 결국 문화 차이에 대한 몰이해가 오해를 불러일으킬 수 있다는 것이다.

현지인의 문화 특성을 포함한 현지 문화에 대한 몰이해는 관련 사건을 일으킨 당사자 자신은 물론 그가 속한 회사와 국가의 이미지에 큰 손상을 가져다줄 뿐 아니라 현지인들에게 한국과 한국인들에 대한 부정적인 이미지를 형성하는 데 영향을 미친다. 결국 해외 진출 기업의 현지화와 문화 적응을 더욱 어렵게 만드는 요인(갈등 조장)으로 작용한다.

대부분의 재태한인들은 한국과 태국 사회의 상이하고 이질적인 문화 때문에 갈등하고 있다. 한편 이질적인 문화 차이를 긍정적으로 이해하는 한인들일수록 이른바 현지화가 많이 된 경우라고 볼 수 있는데 이들은 사회문화적 실천에 상당히 성공한 한인들로서 상대방의 문화에 대한 진지한 이해와 성찰이 선행되어야 한다는 견해를 갖고 있다.

> 한국 사람이나 태국 사람이나 그리 차이가 없다고 생각한다. 한국인은 배려가 없다. 목표지향적이며 과정을 중시하지 않는다. 목적을 위해서 수단을 가리지 않는다. 갑질이 심하다. 빨리빨리가 장점이지만 사건·사고가 많이 난다. 직설적이다. 눈치가 빠르다. 이에 반해 태국인은 간접적이다. 자기 입장을 잘 드러내지 않는다. 한국과 달리 축구로 치면 오프사이드off-side하는 경우가 많지 않다. 남의 사생활을 간섭하지 않는다. 태국 사람이 게으르다고 하지만 게으름은 인간의 본성 아니겠느냐. 인간이란 서 있으면 앉고 싶고 앉으면 눕고 싶은 것이 당연한 것 아닌가? 한국은 전쟁의 폐허에서 살아남고자 빨리빨리 습성이 굳어진 것 같다. 남을 속이는 것은 한국이나 태국이나 똑같다. 태국 사람은 눈치가 빠르지 못해서 발각되기 쉽다. 또 암산이 늦다.
>
> - 69세, 남성, 사업가

태국 사람들은 시간관념이 없고 게으르다고 하지만 사람마다 다르다. 엘리트는 창조적인 생각을 갖는 사람도 많고, 퇴근시간이 지나도 자기 일을 끝마치지 않으면 가지 않는 사람도 있다. 한국인에 대한 이미지는 군대식이다, 타이트한 생활을 한다, 성과지향적이라는 것이다.

- 53세, 남성, 사업가

태국인 교수를 부인으로 둔, 사회적으로 안정적인 위치에 있는 한국 남성(현지 교수)은 태국 사회와 태국인에 대해서 긍정적인 시각을 갖고 있었다.

태국인은 착하다. 학교에서 지갑을 잃어버린 적이 있는데 학생이 찾아주었다. 백화점에서 지갑을 분실 당했을 때 한국인 회사에 다니는 태국인이 찾아주기도 했다. 태국 사회는 지금 행복하면 만족하는데 한국 사회는 너무 성취지향적이다. 나는 양국 차이를 인정하는 편이라 갈등이 별로 없다. 태국 사람들은 어차피 늦게 일하는 데 내가 화낼 필요가 없다고 생각한다.

- 51세, 남성, 대학교수

부부지간인 태국인 여교수도 한국 사회와 한국인에 대해서 똑같이 긍정적인 시각을 갖고 있었다.

나는 남편과 큰 갈등이 없다. 한국 사회는 살기가 어렵다. 다른 사람에게 신경 써야 하고, 여유가 없고, 물가가 비싸다. 하지만 규율이 있고, 도로정비 등 인프라가 구비되어 있으며 환경미화 역시 잘되어 있고, 날씨가 좋다. 세미나 참석차 1년에 한 번 한국을 가면 변화한 한국 사회의 모습을 즐기게 된다. 한국인은 적극적이다. 한국 남성과 같이 살면서 나 스스로 변화하는 것을 느낀다. 태국은 의식사회인데 이런 절차가 복잡한 게 싫어진다. 태국 공무원 시스템은 복잡하다. 한국어과 교수들은 회의를 하면 10분 만에 끝난다. 협력도 잘되고 문제를 빨리 해결하는데 다른 학과 회의는 말이 많다.

- 45세, 여성, 대학교수

### 2) 기타 관계

필자는 갈등이 발생하는 회사(공장) 내에서의 양자관계 이외에도 한인들이 고용자나 소비자의 위치에 있는 경우를 인터뷰를 통해 심층조사하려고 시도했다. 매반แม่บ้าน(가정부), 태국인 가이드, 마사지 업소 종업원 등이 그 사례이다. 하지만 태국 가정에 고용되는 태국인 매반을 찾기가 쉽지 않았다. 많은 태국 가정의 매반은 미얀마 출신이다. 직접 접촉하기가 어려웠던 마사지 종업원은 업소 주인을 통해서 종업원들의 한국 고객들에 대한 인식을 알아보았다. 한국 관광객과 접촉이 제한적인 태국인 가이드의 한국인 관광객에 대한 인식 역시 한국인 가이드를 통해서 간접적으로 알아보았다. 뿐만 아니라 동등한 파트너 간의 관계나 남녀관계도 살펴보았다.

우선 다수의 마사지 종업원들의 한국인에 대한 이미지는 좋은 편이다. 한국인들은 팁을 잘 주기 때문에 매너가 좋다는 말을 듣는다. 특히 일본인과 한국인은 팁이 후한데 1시간 50밧, 2시간 100밧 정도를 주지만 서양인은 20밧 정도를 준다고 한다.

태국 가이드의 한국 관광객에 대한 인상은 별무하다. 한국 가이드가 접촉을 차단하기도 하고, 모든 일을 사실상 한국 가이드가 다 하기 때문이다. 태국 가이드와 접촉하는 사람은 한국인 가이드가 대부분이다. 한국인 가이드는 너무 급하고, 다혈질이라는 말을 자주 듣는다. 태국인 가이드와 한국인 가이드 관리를 동시에 하면서 불만사항을 조정하는 역할을 하는 한국인이 태국인 가이드로부터 가장 많이 듣는 불만은 (자신은 잘못한 것을 아무리 생각해도 모르겠는데) 한국 사람은 화를 잘 낸다는 것이다. 그 중요한 이유 중 한 가지로 꼽는 것이 의사소통이 안 된다는 것이다. 한국인 가이드 중 태국어를 하는 사람이 극히 적다.

한국인들의 태국 파트너에 대한 인식은 다음과 같다.

대부분이 착하고 친절하지만 착한 모습 속에 날카로운 바늘이 숨겨져 있다. 속마음을 잘 보이지 않으며 개인주의가 강하다. 자기 이익에 철저하다. 처음에는 무시했지만 결코 쉬운 상대가 아니다. 기본 성향은 착하지만 한계를 넘으면 무섭게 폭발한다. 신의와 신념보다는 물질우선주의이다. 군중심리에 잘 휩쓸리고 귀가 얇다. 말 안 하고 가만있어야 점잖은 것이라고 생각한다. 교과서적 협상전략에 능하다.

이에 비해 태국 파트너들의 한국인에 대한 인식은 다음과 같다.

> 급하고 화를 잘 내고, 감정변화가 심해서 속이기도 쉬운 사람이지만 기분파고, 착하고, 친절하다. 거짓말을 못 한다. 직선적이다. 급하다. 보안 개념이 없고 비밀유지 개념이 희박하다.

결국 한국인과 태국인은 거의 정반대 성향을 갖고 있다고 볼 수 있다.

마지막으로 남녀 간의 갈등을 살펴본다. 태국인과 결혼한 한국인은 태국인이 집착이 강하다는 말을 많이 한다. 이런 현상은 집착을 버리라는 불교의 가르침과는 거리가 멀지만 남녀 간에는 실제로 이런 문제로 갈등이 많이 표출된다. 뿐만 아니라 양국의 문화 차이로 인한 갈등을 남녀 간에도 당연히 겪게 된다.

한국 여성이 태국 남성과 결혼한 경우 발생하는 갈등을 소개하면 다음과 같다.

> 태국 남성은 집착이 강하다. 친구와 만나는 것도 싫어한다. 집에만 가만히 있기를 원한다. 외국인이라 그럴 수 있다는 생각도 든다. 태국인은 외국인 가족에게는 재산을 안 준다. 명의 변경을 안 시켜준다. 내 이름으로 된 재산이 하나도 없다. 나에게 잘해준다고 하지만 딸에게는 명품 샤넬백을 2개씩 사주고 나에게는 코치백을 사주었다. 여성들의 로망은

샤넬백이다. 태국 여성은 남성을 따르는데 나는 순종적이지 못하다고 생각한다.

- 40세, 여성, 주부

남편은 불만이 있을 때는 부딪치지 않으려고 아무런 얘기를 안 한다. 그러다가 한참 뒤에 나는 다 잊어먹고 있는데 그때 왜 그랬느냐고 물어본다. 그래서 또 싸우게 되고 해결은 미루어지고 갈등이 쌓이곤 한다. 남편이 보수적이다. 밥을 다 차려주고 자신을 기다려주기를 바라며 원하는 대로 해주기를 바란다. 일거수일투족을 다 알려고 한다. 방콕에서 만난 한국 여성과 태국 남성 커플은 남성이 대부분 재력이 있는 집안이다. 한국 여성들은 외부생활은 거의 안 하고 시댁에 순종적인 편이다.

- 45세, 여성, 주부

이 같은 일화는 전달하는 과정에서 과장되게 표현될 수 있겠지만 많은 한인이 동의하는 바로, 양국 남녀 사이의 보편적 담론을 형성하고 있는 것도 사실이다. 한국 남성은 성격이 직설적이며 태국 남성은 그 반대이다. 이런 성격 역시 문화 차이에서 기인한다고 볼 수 있다.

태국 여성이 한국 남성과 결혼해서 발생하는 몇 가지 갈등을 소개하면 다음과 같다.

우리 남편은 보통 한국 사람과는 다르다. 태국에 적응이 빨랐고 일반 한국 남성보다 부드럽다. 남편이 조교로 일할 때 열심이고 적극적인 것을 느꼈다. 일반 한국 남성은 강하고, 부드럽지 못하고, 용감하고, 목표지향적이다. 회사에서 학교를 찾아오는 사람들은 무조건 해달라고(통역이나 취업 부탁) 압력을 가하고 떼를 쓰는 경우가 많다. 나를 아는 지인들은 한국 남성들이 예의가 없고 목소리가 커서 싫어한다.

- 45세, 여성, 대학교수

별일도 아닌데 한국인은 심각하다. 태국인은 유연하다. 한국인은 한 곳만 보고 달린다. 목표지향적이다. 결심이 굳은 것 같다. 스트레스가 많은 것 같다. 그런데 한국 사람은 잘생기고, 잘살고, 귀엽다.

- 32세, 여성, 학원 부원장

태국 여성과 문화적으로 충돌하는 경우 중 하나는 한국인의 가부장적인 성격에서 온다. 집에 돌아오면, 하루 종일 자신이 아이를 봤으니 당신이 보라고 하는데 나도 일하고 와 피곤하다며 미룬다. 여성은 당신만 피곤한가, 나도 하루 종일 애를 봤으니 당신이 보라고 한다. 아무래도 한국적 사고에서 가사노동은 기본적으로 여성의 것이라는 생각이 있는데 여성 측에서는 똑같이 가사노동을 하자고 한다.

- 37세, 남성, 여행사

태국인은 답답하다. 너무 싸바이สบาย(편안함)를 추구한다. 일을 추진하는 데는 적기라는 것이 있다. 일의 속도를 내야 하는 경우 재촉하면 이해를 못 한다. 내 생활도 있는데라고 생각하는 것 같다. 태국 여성은 집착이 강하고, 다른 여성과 SNS하는 것을 보면 대단히 민감해진다.

– 35세, 남성, 학원장

태국 여성이 한국 남성과 결혼한 경우 태국의 전통관습을 고집하는 여성의 집안과 갈등을 빚는 경우도 많다. 가장 대표적인 갈등은 씬썻สินสอดอี이라는 독특한 태국 전통문화에서 찾아볼 수 있다. 한마디로 지참금제와 같은 것이다.

이 전통적인 제도는 아직도 남아 있다. 씬썻을 일부 돌려주는 경우도 있고, 씬썻을 보고는 그냥 돌려주는 경우도 있다. 여성이 어리고 직장에 다니면 더 많이 요구하고, 여성이 나이가 많으면 씬썻을 보여만 주기도 한다.

내 장모는 씬썻 500만 밧을 불렀다. 아내 나이가 20세 때였다. 나는 100만 밧을 낼 테니 이 중 일부를 돌려달라고 부탁했다. 장모는 거절했는데 시간을 두고 부인을 통해 압력을 가해서 30만 밧만 지불했다. 그때 이미 속도위반으로 애를 가졌기 때문에 이런 상황이 참작되었던 것 같다. 부인 집은 우본랏차타니인데 방콕에서도 씬썻을 원하는 사람들이 많다. 씬썻을 인정할 수 없다고 거절하는 경우도 보았다. 태국인끼리 결혼하는 경우 둘이 함께 씬썻 통장을 만들어두기도 한다. 지금도 형편이 어려워 아내와 싸울 때는 씬썻 얘기를 끄집어낸다. 그 돈이 있으면 지금 이 고생을 안 할 텐데…. 내 아내는 어머니가 어릴 때부터 씬썻

500만 밧을 받아야 한다고 했다면서 자신도 애를 결혼시킬 때 씬썻을 받겠다고 말한다.

- 35세, 남성, 여행사

## 4장

# 양국을 넘나드는 삶의 방식과 초국적 정체성

### 1. 양국 넘나들기

앞장에서 언급한 대로 재태한인들은 모국의 문화 정체성을 유지하면서, 체류 국가의 새로운 전통과 문화도 수용하는 통합 유형을 보이고 있다. 본국에 사는 한국인과는 다른 초국가주의적 정체성을 갖게 된다는 의미이다.

일반적으로 재태한인은 양국을 넘나드는 이중적인 초국가적 삶을 살아가는데, 두 국가에 두 곳의 거주지를 유지하고, 모국과 긴밀한 관계를 가진다. 소셜 네트워크 서비스SNS는 모국과의 연계와 동시성을 크게 촉진시키는 것으로 나타났다.

그들은 가족, 친지와 카톡, 보이스톡, 영상통화 등 SNS로 한국과 별반 다를 것이 없이 연락관계를 유지한다. 카톡과 영상회의를 통해서 업무를 챙기기도 한다. 모국과의 관계유지(연계)를 절대적으로 촉진시키는 SNS는 이주자들이 모국과 그들이 사는 정착 국가들에서 동시적으로 관여할 수 있도록 만들고 그들의 초국적 정체성을 강화시킨다고 볼 수 있다.

한국에는 아버지가 계신다. 자주 안부전화도 드리고 동영상 메시지를 교환하며, 카톡 등으로 연락하고 있다. 한국 지인과는 라인이나 카톡으로 연락한다. 보통 1년에 한 번 정도 한국을 방문해서 아버님께 인사드리고 일주일 정도 체류하는데 이때 연락을 꾸준히 하는 친구도 만나고 건강검진도 받는다.

– 38세, 남성, 회사원

한국과 태국에 2개의 법인이 있어서 자주 왕래하며, 서울에도 집이 있다. 카톡과 영상회의를 통해서 업무를 챙기고, 지인의 근황을 SNS를 통해서 관리하기도 한다. 또 태국이 한국과 가까워 친지들이 자주 방문한다. 장인과 장모님은 혹한기 3개월 동안 태국에서 거주하신다.

– 53세, 남성, 사업가

이 사례와 같이 한인들은 공통적으로 SNS를 통해서 소통하고, 모국과의 관계를 유지하며, 초국가적 삶을 살고 정체성을 강화한다고 볼 수 있지만 인터뷰한 한 원로 교민의 경우와 같이 소통 없는 닫힌 생활 속에서 정체성을 고수하는 경우도 찾아볼 수 있었다. 그의 부모님은 일찍 돌아가시고, 다른 친척들과는 남과 같이 지냈다. 친구와의 관계도 끊어졌다. 그는 태국인 인텔리 여성과 결혼했으나 매우 한국적으로 살았다. 태국어를 배우지 않아서 자식들과도 영어로 소통했을 정도였다(83세, 남성, 교민 원로).

모국과의 연계와 동시성을 촉진시키는 또 다른 요인은 양국 간 물리적 거리이다. 태국과 한국은 비행기로 5시간이면 도달해 큰 부담을 느끼지 않으면서 왕래할 수 있다. 많은 한인이 1년에 최소 한

두 차례 한국을 방문하고, 가족과 친지들도 휴가철이면 태국을 찾는다. 더욱이 1년 내내 상하常夏의 나라인 태국은 날씨가 따뜻하고 값싼 골프장이 많아서 친척들이 자주 방문하고 어떤 사람은 한국의 혹한을 피해 몇 달씩 장기 거주하는 경우도 있다. 한인들은 이들과의 접촉을 통해서 고국에 대한 여러 가지 정보를 자연스럽게 얻는다.

> 한국과는 주로 SNS로 소통한다. 한국에 사는 누님 식구들이 1년에 네 번 방문하여 최소 15~45일을 거주하면서 골프를 치며 같이 보낸다. 치앙마이에 거주하지만 가족관계 유지의 어려움은 전혀 없다. 나도 한국에 1년에 서너 번씩 방문하고 있다. 태국은 부산에서 비행기로 5시간이면 도달할 수 있는 가까운 곳이다.
>
> - 53세, 남성, 사업가

SNS는 한인들에게 대단히 중요한 정보원도 된다. 태국어가 유창한 소수의 사람들은 인터넷 등 태국 미디어를 통해서 정보를 획득하지만 대부분 그렇지 못한 사람들은 SNS와 입소문, 교민 미디어를 통해서 태국 뉴스를 접하거나 영자신문을 주요한 정보원으로 삼는다.

한국 정보 역시 SNS와 함께 인터넷 TV 등 디지털 미디어를 통해서 얻는다. 디지털 미디어는 재태한인들의 모국과의 연계와 동시성을 크게 촉진시키고, 이중적 삶의 형성에도 영향을 미친다고 볼

수 있다.[1]

태국에 대한 정보는 직원들에게 듣거나, 페이스북이나 라인 등 각종 SNS를 통해서 접한다. 한국 포털사이트와 유튜브에서 태국 소식을 접하기도 한다. 태국어를 알기 때문에 태국 신문, 인터넷, TV를 보기도 한다. 또 어떤 경우는 활자신문보다는 인터넷 TV를 통해서 현지 정보를 획득한다. 『스프링 뉴스Spring News』, 『싸얌하헤สยามฮาเฮ』, 『타이랏ไทยรัฐ』과 『데일리뉴스เดลินิวส์』 등을 본다.

– 37세, 여성, 대학원생

태국 정보는 영자신문을 구독하여 얻으며, 교민 미디어인 『한아시아』, 『연합통신』 등을 통해서도 얻는다. 일본어가 능통하기 때문에 일본 인터넷 방송에 나오는 태국 뉴스를 보기도 한다. 현재 한국 신문은 2, 3년 전부터 태국에 들어오지 않는다. 그래서 많은 교민이 인터넷 TV를 실시간으로 보고 있다.

– 72세, 남성, 프리랜서

1 인쇄 매체가 현대 사회에서 국가 정체성을 구축하는 데 중요한 역할을 한 것처럼 디지털 미디어는 세계화 속에서 이주민의 민족의식을 형성하는 데 영향을 미치고 있다. 소위 디지털 디아스포라(digital diaspora)는 신기술의 확장으로 만들어진 새로운 유형의 디아스포라를 의미하는데 '이방인들이 정체성을 재창조하고, 기회를 공유하고, 문화를 전파하고, 모국과 호스트 국가 정책에 영향을 미치는 데 사용되는 별개의 온라인 네트워크'이다(Alonso and Oiarzabal 2010: 11).

## 2. 자녀 교육과 정체성

일반적으로 양국을 넘나드는 이중적인 삶을 살아가는 초국적 이주민은 한 국가에 고정되어 있는 단일 정체성이 아닌 다중적이고 가변적이며 혼종적인 정체성을 형성하게 된다.

재태한인은 법률뿐 아니라 문화적으로 한국인으로서의 민족 정체성을 유지한다. 재태한인 중 영주권자와 시민권자 수는 200명에 못 미친다. 또 앞에서 언급한 바와 같이 대부분이 한국인 고유의 생활양식과 가치관을 따르며 산다.

2014년 필자가 실시한 설문조사 결과에 의하면 재태한인들은 민족공동체에 대한 동일시 정도와 정서적, 행위적 애착도는 매우 높았지만 반면에 태국에 대한 인식의 긍정률은 전반적으로 낮게 나타났다. 최저 21.3퍼센트에서 최고 60.7퍼센트였으며, 총 6개 문항 중 50퍼센트 이하의 긍정률을 보인 항목은 절반인 3개 항목이었다.

"태국은 한국에게 우호적인 나라이다"에 대한 긍정률은 60.7퍼센트로 가장 높았으며, "나는 태국에 호감을 갖고 있다"에 대한 긍정률 54.5퍼센트, "나는 태국 사람에게 호감이 간다"에 대한 긍정률 38.5퍼센트, "태국은 배울 점이 많은 나라이다"에 대한 긍정률은 29.9퍼센트였다.

다시 말하면 한인들은 민족 동일시와 정서적, 행위적 애착도는 강하지만 태국에 대한 인식은 크게 뒤처지는 것으로 나타났다. 설문조사 대상자는 2000년 이후 이주해온 사람들이 69.6퍼센트를 차지했다. 조사 결과 많은 한인이 한국인으로서의 정체성이 강했다. 연령대별로는 상대적인 차이가 있었다. 민족 동일시나 애착도면에서 연령대가 높을수록 긍정률이 대체로 높았다. 또 태국과 태국 사람에 대한 긍정률은 젊은 층이 중장년층보다 높게 나타났다.

한편으로, 한인들은 본국에 사는 한국인과는 분명히 다른 정체성을 드러냈다. 이런 현상은 세대별 또는 현지인과의 관계 맺기에 따라 달랐다. 태국 여성과 결혼한 이민 원로들의 2세나, 태국인과 한국인이 결혼하여 이룬 가정의 2세들은 비교적 현지 사회에 동화가 잘되었다고 볼 수 있었다.

이에 비해서 국제학교에 다니면서 영어 위주의 교육을 받은 한국인 가정 2세들은 현지화 정도가 약하며, 한국인으로서의 정체성도 약화되었다.

한인 1세대를 포함한 이민 원로들은 태국 여성과 결혼한 경우가 많다. 그들의 2세들은 완전히 태국 사람으로 자랐으며 태국에서 사회 기반을 잡은 경우가 대다수다. 한국인 아버지와 태국인 어머니 사이에 태어난 자식들은 어머니가 키우게 되고 한국어를 전혀 못해서 아버지는 자식과 소통이 안 되는 경우도 많았다.

한 원로 한인은 슬하에 남매를 두었다. 아들은 대한항공사에, 딸은 타이항공사에 근무한다. 어릴 때부터 100퍼센트 태국인으로 키웠으나 자식들이 태국인이 된 데 대해서 안타깝게 생각하고 있었다. 자식들은 한국이라는 나라에 대해서 애착을 갖고 있지도 않으며 그는 지금도 자식들과 영어로 의사소통을 한다고 한다.

양국 남녀가 결혼하는 경우 그들에게서 태어난 자식들은 대부분 태국인으로서의 정체성을 갖게 된다. 호주 등 제3국에서 돈 있는 중국계 태국 남성을 만나서 결혼한 한국 여성들은 대부분 여성이 남성에게 맞추어 산다. 이들 한국 여성은 태국어를 배우며 자식은 한국어를 엄마에게 배우기도 하지만 태국인의 정체성을 유지한다.

이외에도 한국 여성과 결혼하는 태국 남성들은 대부분 경제적 여유가 있다. 이들 2세는 태국식 교육을 받고 태국적 정체성을 갖는다.

한국 남성이 상류층 태국 여성을 만난 경우에 남성이 여성에게 맞추어 산다. 아이들도 당연히 엄마를 따라 태국인으로서의 정체성을 갖는다. 한국 남성이 경제적 여유가 없는 태국 여성과 결혼하는 경우 돈이 없어서 자식들을 태국 학교에 보내고 아이들도 한국어를 배우려 하지 않아 당연히 태국인으로서의 정체성을 갖는다.

한국 남성과 평범한 태국 여성이 결혼해서 자식을 둔 경우에도 태국인의 정체성을 가지게 된다. 태국에서 사업하는 한국 남성 입장에서는 현지에서 사업을 물려주려면 태국인이 되는 것이 유리하다고 생각한다.

반대의 경우도 있기는 하다. 아버지가 한국인 선원이었는데 가라오케에서 일하는 태국 여성과 결혼한 경우이다. 결혼 후 딸은 태국 국적을 가졌는데도 태국어를 완벽하게 못 했다. 그 이유는 할아버지가 태국어를 배우지 못하게 해서였다고 한다.

태국 사회에서 크게 성공한 한 한인은 평범한 태국 여성과 결혼했다. 그는 자신이 바빠서 자식들에게 한국어 교육을 시키지 못한 것에 큰 아쉬움을 갖고 있었다.

> 두 아들은 태국에서 대학을 다녔고 큰아들은 영국에서 석사과정을 마치고 일본 회사를 다니다가 XX그룹에서 근무하고 있으며, 둘째 아들은 서울에 있는 대학에서 언어연수를 마쳤다. 어려서부터 한국어를 할 줄 알아야 한국 문화를 이해할 수 있고 뚜렷한 정체성과 국가관을 가질 수 있다. 태국인화되어가는 자식들에 대해 아쉬움을 갖게 된다.
>
> – 70세, 남성, 사업가

하지만 많은 한국인 가정의 한인들은 자녀들을 (태국 학교보다는) 국제학교에 보내고 미국이나 유럽으로 유학을 가게 해 세계인으로 성장해주기를 바란다. 그들은 한국인으로서의 정체성은 약화되는 경향이 있다. 태국 국제학교의 역사는 1951년 방콕에 UN 국제기구 및 미 대사관 주재원 자녀들을 위한 국제학교로 시작하여, 현재는 100여 개 이상이 태국 전역에 소재한다.

1980년대 들어 외국계 기업 주재원들의 수요가 늘고 1990년대에 태국 교육부가 태국 국적의 학생들도 국제학교에 입학할 수 있도록 허용하면서 국제학교는 지난 30년간 동남아시아에서는 최고 수준으로 성장하였다.[2]

---

2 http://www.hanasia.com/thai/thailand.php?mid=35 (검색일: 2018. 03. 18.)

대부분의 국제학교는 영미식 커리큘럼을 사용하여 국제화 교육을 시킨다. 예를 들어 리젠트 국제학교The Regent's International School Bangkok의 교육 목표를 살펴보면 다음과 같다.

> 본교는 종교·성·인종·문화와 상관없이 모든 학생이 커리큘럼을 즐길 수 있도록 다양한 자극들을 유도하고 도전할 수 있도록 지원합니다. 우리는 Round Square(50개국에 있는 200개의 같은 생각을 가진 학교로 구성된 국제 네트워크)처럼 현대적인 교육에 영향을 받은 최고의 영국식 교육을 제공합니다. 리젠트에는 30여 개국의 다양한 국적의 학생들이 모여 있습니다. 우리는 영어를 통한 의사소통으로 국제적 다양성과 공동체 의식을 만들어 나갑니다.[3]

한편 한인 자녀들을 위한 방콕 한국 국제학교Korean International School of Bangkok 커리큘럼은 한국인으로서의 정체성에 역점을 두며 외국어 교육을 강화하고 있다. 이 학교 교육헌장에는 다음과 같이 명시되어 있다.

> 한글날 행사 등을 통해 우리말과 글을 소중히 하고 한국인으로서의 정체성을 잃지 않도록 지도하며 교과 관련 수업 등을 통해 '우리 역사 바로 알기' 등 재태 재외국민으로서의 자긍심을 잃지 않도록 최선의 노력

---

3 http://www.regents.ac.th/1562/ (검색일: 2018. 03. 12.)

그림 19 영국식 교육을 하는 태국의 리젠트 국제학교

을 다하겠습니다.[4]

한인 자녀들을 위한 방콕 한국 국제학교보다 일반 국제학교를 선호하여 국제화 교육을 받는 한인 2세들의 한인으로서의 정체성이 약화되는 것이 당연할 것이다.[5]

태국에서 국제화 교육을 받은 한인 자녀들은 분명히 한국 학생들과는 다른 사고방식을 갖게 된다.

초등학교 5학년 때 태국에 건너와서 국제학교(고등학교)를 졸업한 후 XX 대학으로 특례입학했다. 아들에게 선택권을 주었으나 한국에서 공부하겠다고 했다. 국제학교에서는 태국어를 가르치지 않았다. 그래서 태국어는 친구를 통해서나 입주과외를 통해 배웠다. 말은 배웠으나 읽고 쓰기에는 약간 문제가 있다. 특례입학은 외국에 3년과 12년 거주 두 종류로 나뉘는데 8년 거주했기 때문에 3년의 범주에 들어가서 국어와 영어 시험을 치르고 합격했다. 인터넷 강의와 학원을 다니면서 공부했다. 태국

---

4 http://kisbangkok.co.kr/44 (검색일: 2018. 03. 19.)

5 http://kisbangkok.co.kr/16 (검색일: 2020. 10. 31.) 방콕 한국 국제학교는 방콕 외곽 민부리구에서 2020년 4월 방콕 시내 람인트라로 이전했다. 이에 따라 교민 2세들의 학습권이 보다 개선되었다. 변화의 필요성도 대두되고 있다. 점차 한국 문화와 현지국 문화의 다름을 존중하고 배려하는 교육을 강화해야 할 필요성이 제기되는 것이다. 미래 사회의 주역이 될 재외 한국 학교 학생들에게 문화의 다름과 수용에 대한 폭넓은 시야를 심어주는 교육이 강조되어야 하는 것은 어찌 보면 당연하다. 상대적 문화우월주의에 빠지지 않도록 문화 다양성에 대한 교육 프로그램이 개발되고 적용되어야 할 것이다. 그런 교육이 이뤄져야 말 그대로 글로벌한 인재를 키워낼 수 있을 것이다(방콕 한국 국제학교 교장 인터뷰, 2020. 05. 30.).

그림 20 방콕 한국 국제학교, 한국인으로서의 정체성에
역점을 두고 외국어 교육을 강화시켰다

은 풀어진 환경에서 공부하기 때문에 야단을 칠 수가 없고, 질책보다 칭찬을 해야 효과가 난다. 학생 측에서 보면 사교육이 없는 행복한 생활이라고 볼 수 있다. 하지만 한국의 역사를 모르고, 터전과 뿌리가 약하다. 국가관과 정체성도 희박해진다. 그래도 축구전에서는 한국 팀을 응원한다. 한국에서 공부해서 한국에서 자리 잡고 싶다고 했다. 그런데 한국 생활을 얼마 동안 한 지금은 청년실업과 팍팍한 삶을 보고 생각이 바뀌어서 한국에는 기회가 적을 것 같아서 태국에 돌아와서 태국적인 삶을 살고 싶어 하는 것 같은데 좀 더 두고봐야 할 것 같다.

- 53세, 남성, 사업가

한국과 비교해서 경쟁이 덜 치열하여 한국에 들어가서 보면 무서운 생각이 들고, 방콕에 사는 한인들의 자녀들은 착하다는 생각이 든다(또래의 한국 학생들은 영악하다). 국제학교에서는 한국과 달리 기선잡기나 왕따를 시키는 현상이 없다. 학생들이 한국과 같이 악착같지 않다.

- 46세, 여성, 주부

### 3. 언어와 정체성

초국적 이주민의 특성 중 한 가지는 이중언어의 사용이다. 언어는 문화 정체성과 직접적인 관련성을 갖는데, 언어를 학습할 때는 문자 언어만이 아닌, 해당 국가의 문화도 함께 수용하게 된다. 따라서 체류 국가의 언어 구사 정도는 곧 해당 국가의 문화를 받아들이고 이해하는 정도와 직접적으로 연관된다고 볼 수 있다. 다른 문화권의 언어 구사 정도가 높을수록 해당 국가 사람들과 친밀하게 교류할 수 있으므로, 새로운 문화권에 참여하는 정도도 더 높아질 수 있다.[6]

앞에서 언급했듯이, 일반적으로 초국적 이주민은 양국을 넘나드는 이중적인 삶을 살아가며, 이중 언어를 구사하고, 두 국가에 두 곳의 거주지를 유지하며, 이 두 곳에서 정치·경제·문화적 이해를 추구한다. 재태한인들도 한국어와 태국어(또는 영어)라는 이중 언어를 구사하지만 그 한계성으로 인해 생활에 많은 지장을 받고 있다.

한국 유학생들은 대부분 영어를 사용하는 국제학교에 다니기 때문에 태국어에 능숙하지 못하다. 부모들은 영어든 태국어든 언어장벽 때문에 교사와 의사소통을 하지 못하고 자녀들의 과제를 제대로 도와주지 못한다. 그래서 이들은 한인 이민 사회의 테두리에 갇히게 되며, 태국 사회로의 동화가 힘들게 된다고 볼 수 있다.

필자의 2014년 연구 「재태한인의 특성과 태국에 대한 인식」에 따르면 재태한인들의 태국어 구사 능력은 그리 높지 않았다. 태국어가 '유창하다'와 '매우 유창하다'의 비율은 13.3퍼센트에 불과했다. 소득 수준별로 통계상 유의미한 차이가 났는데 소득 상위층이 하

6 해외에 거주하는 청소년들의 모국어와 체류 국가의 언어 구사 능력 및 문화 적응 유형의 관계를 분석한 선행연구에서는 모국어가 우세한 청소년들은 주로 분리 유형을 보인 반면 체류 국가의 언어가 우세한 학생들은 체류국 문화에 적극적으로 참여하는 동화 유형을 보였다(강재원 2012; 문영하 2012)

위층보다 태국어 구사 능력이 앞섰다. 태국어를 구사하지만 제한적이거나, 읽고 쓰지 못한다는 비율은 각각 47.7퍼센트와 45.1퍼센트로 높게 나타나고 있다(김홍구 2014).

태국어를 구사하면서도 읽고 쓰지 못하는 이유는 태국어를 배우더라도 말로만 배운다는 의미이다. 태국어는 한국어와는 매우 상이하다. 고립어이며 성조어이고 문자도 고유문자를 갖고 있어서 배우기가 쉽지 않다. 대부분 영어로 강의하는 국제학교에서 공부하는 한인 2세들의 경우 회화 위주의 태국어 공부를 한다. 문자를 모르고 말로만 태국어를 배우면 당연하게 일정 수준 이상 배움의 진전이 없게 된다.

> "캅쿤카ขอบคุณค่ะ(원래 발음은 '컵쿤카')"라고 한참을 사용했는데 하루는 대학에서 태국어과를 졸업한 직원이 왜 그렇게 발음하느냐고 반문해서 당황한 적이 있었다. 나는 거의 10년을 캅쿤카라고 했다. 태국인 남편에게 왜 지적해주지 않았느냐고 물어보니 자기는 알아들어서 말하지 않았다고 했다. 내가 글을 읽고 쓰지 못해서 발생한 일이다. 나는 글보다 말을 먼저 배우고, 읽고 해석한 것이 아니라 듣고 해석했다. 태국 간판에는 영어가 많아서 불편 없이 지냈다. 비서에게 계약서를 읽어보라고 해서 이해했으며, 회사 이름도 길이에 따라서 분류했고, 제출서류도 서류에 찍힌 여러 모양을 보고 찾고는 했다. 글을 배운 중요한 이유 중 하나는 태국어로 쓰인 딸아이의 학교 통신문을 해석할 필요성 때문이었다.
>
> – 45세, 여성, 회사원

과거 태국 주재원을 지냈으며, 현재 한국어 강사인 한인도 수십 년 태국생활을 했지만 읽고 쓰지 못하는 데서 오는 어려움을 토로했다.

> 언어장벽 때문에 속 깊은 이야기를 하지 못해서 아쉬웠다. 과거 지사장 때 AUA(American University Alumni Association)에서 6개월 동안 태국어를 배웠다. 당시 말하는 것이 급해서 말부터 배웠는데 글까지 배웠으면 훨씬 격조 있는 태국어를 구사할 수 있었을 텐데 하는 아쉬움이 많이 남는다. 지금도 태국신문을 읽을 수 없는 것이 안타깝다.
>
> - 72세, 남성, 프리랜서

태국에서 엔터테인먼트 사업을 성공적으로 운영하는 사업가는 다음과 같이 태국어의 중요성을 강조한다.

> (사업을 하면서) 초기에 언어 문제와 자본의 문제가 가장 어려웠다. 요즘도 회의 때 한국어, 태국어, 영어 중 어떤 언어를 사용해서 커뮤니케이션할까를 두고 고민이 많다. 미스커뮤니케이션의 문제를 줄이기 위한 회의를 열기도 한다. 구글 드라이브(google drive)를 활용해 회의 결과를 문서화해 올려놓고 다른 사람들이 수정하게도 하고 같은 사안을 각 언어로 번역해 미스커뮤니케이션을 줄여나간다. 초기는 영업 영역의 확대가 중요하다고 생각했으나 지금은 미스커뮤니케이션이 가장 큰 문제라고 여긴다.
>
> - 53세, 남성, 사업가

태국어를 잘하는 사람들은 태국 사람들과 친밀하게 교류할 수 있으므로, 새로운 문화권에 참여하는 정도도 훨씬 높아진다.

> 한국 사람은 일이 잘못되면 이유를 자세히 말하지 않고 화부터 낸다. 언어소통이 원활하지 않은 것이 주요한 이유가 되는 경우가 많다. 태국 사람들도 무엇을 잘못했는지 차근차근 설명하면 이해한다. 태국어가 잘 안 되는 한인들은 태국인과의 교류도 적은 것 같다. 태국어를 잘하는 한 지인은 태국 사람들과 스쿠버다이빙 동호회를 만들어서 참여하는 경우도 주위에서 본 적이 있다. 태국어를 모르면 심하게 이야기하면 한인상가가 집중되어 있는 쑤쿰윗 12로 행동반경이 국한된다.
>
> \- 38세, 남성, 회사원

원로 한인은 태국 여성과 결혼하여 수십 년 동안 가정을 꾸리고 살고 있으나 태국 사회에 동화되지 못하는 가장 큰 이유 중 하나로 언어문제를 꼽았다.

> 1970년대 베트남전쟁이 끝나고 열 살 연하의 태국인 여성과 결혼했다. 한·태 합작회사를 만들어서 주석을 한국에 수출하는 사업도 했으나 태국어를 배우지 않아 어려움을 당했다. 같이 일하던 태국인과는 평소 영어로 의사를 소통했으며 (한국어를 모르는) 아이들과도 영어로 소통한다. 그래서인지 자식들과의 관계도 서먹서먹하다.
>
> \- 83세, 남성, 교민 원로

태국 남성과 결혼한 한 한국 여성은 요즘 와서 태국식으로 자라난 자식들과의 문화 갈등을 심각하게 받아들이고 있었다. 한국어를 모르는 아이들이 성장하니 언어문제로 문화갈등까지 겪는다고 했다. 스스로 고립감을 느껴서 아이들에게 한국어를 가르치려고 한다고도 했다.

언어소통의 문제가 현지 문화 이해·적응과 직접적인 관계를 갖는 것은 확실하다. 언어가 자유롭지 못하면 디테일한 감정 표현이 안 되고 전문용어를 구사하기가 어렵다. 세밀한 작업이 필요할 때 언어의 장벽으로 어려움을 겪는 것이다.

한국인 사장이 약속시간이 늦어서 운전사에게 빠이 레우ไปเร็ว(빨리 가)라고 할 것을 어순을 바꿔 레우 빠이เร็วไป(너무 빨라)라고 했다. 언어의 미숙이다. 태국어 어순은 기본적으로 우리와 전후 순서가 반대이다. 그 말을 들은 태국 운전사가 속도를 계속 줄였고, 한국인 사장은 더 크게 레우 빠이라고 하면서 화를 계속 냈다는 말도 전해진다. 언어문제로 인한 오해가 많이 생긴다.

- 36세, 여성, 회사원

20~30년 전에 태국에 건너온 사람 중에서는 태국어를 모르는 사람도 있으나 요즘은 태국어를 공부하려는 사람들이 증가하고 있다. 뿐만 아니라 태국 문화에 대한 이해도도 점차 증가한다.

필자가 실시한 설문조사에 따르면 태국에 사는 한인들이 언어소통 때문에 겪는 어려움은 다음과 같다.

> 성조나 문장구조의 차이로 의미가 제대로 전달되지 않을 때가 있었다. 업무를 지시할 때 전문용어를 표현하는 것이 어려웠다. 바이어 주문이 급한데 내가 답답해하는 것을 직원에게 전하기가 어려웠다. BOI The Thailand Board of Investment나 세관 공문서를 기재할 때 세부적으로 확인하는 대화가 힘들다. 상대방이 내 말을 이해하지 못하거나 알면서도 모르는 척하는 경우가 있었다
>
> \- 한국·태국 비즈니스 문화 설문조사

이 조사에서 한국 사람들과 태국어를 사용하여 소통할 경우 태국인들이 느끼는 문제점은 다음과 같다.

> 말할 때 성조가 틀려서 이해하기 어렵다. 사용하는 단어가 정확하지 않다. (태국인의 말을) 정확하게 알아듣지 못한다. 한국인이 이해하도록 설명하는 것이 일할 때 문제가 된다. 듣고 이해하는 게 사람마다 다르다. 듣고 정확하게 이해하지 못해서 꼭 여러 번 이야기해야 한다. 말을 정확하게 하지 않아 알아듣지 못하겠다. 한국인은 알겠다고 이야기하지만 사실 이해하지 못했다. 그리고 한국인들끼리 물어보고 이해한 친구를 시켜서 우리에게 또 물어보게 한다.
>
> \- 한국·태국 비즈니스 문화 설문조사

이처럼 언어소통이 현지 적응에 큰 문제가 된다는 것은 확실하다.

이 연구에서 언어와 문화 정체성 및 문화 적응과 관련하여 특이한 현상 한 가지를 발견할 수 있었다. 주재원들의 언어 실력이다. 이는 필자의 2014년 설문조사 결과에서도 확인되었던 사실이다. 조사 결과 소득 상위층이 소득 하위층보다 태국어 구사 능력이 앞서는 것으로 나타났으나, 그 예외가 주재원들이었다.

주재원들의 언어 능력은 비교적 떨어진다고 볼 수 있다. 주로 영어로 태국 부하 직원에게 업무를 지시한다. 간단한 태국어만 구사하는데 이 경우 언어는 소통수단이 아니라 지시하고 지시받기 위한 도구일 뿐이다. 태국 고객을 만날 때는 영어를 잘 구사하는 태국 직원을 대동하여 영어로 말하고 태국어로 통역을 시킨다. 또는 현지채용 한국인에게 통역을 시키기도 한다.

회사에서 지급하는 언어연수 비용으로 태국어가 아닌 영어를 배우는 경우도 있다. 어차피 태국 근무는 3~4년이면 마칠 것이니 태국어보다는 영어를 배우는 것이 개인적으로 득이 된다고 생각한다.

언어의 제약으로 접촉하는 현지인들이나 현지 사회 경험도 극히 제한적일 수밖에 없다. 그러다 보니 극단적인 경우 그들이 주로 만나는 태국인은 집안 도우미(매반)뿐이고 자기가 보고 느끼는 태국이 태국의 전부인 양 말한다고 비난을 받기도 한다.

이런 경험은 물론 사람에 따라 다르기는 할 것이다. 일부지만 근무가 끝나도 다시 태국으로 돌아와 개인사업을 하려는 주재원은 태국어를 열심히 배우고 현지 문화 경험을 부지런하게 쌓으려고 한다.

결론

# 한인 사회의 미래

## 1. 태국 한인의 현주소

한국인은 태국에 제2차 세계대전 후부터 정착하기 시작했다. 1980년대 중반까지는 재태한인의 수가 많지 않았으나 이후 크게 증가했다. 현재 한인들 다수는 2000년대 이후 이주해온 사람들이며 교민 수는 극소수이고 일반 체류자가 훨씬 많다. 앞으로도 '정착형 이주자'보다는 '일시적 해외 거주자'가 많을 것이다.

이 연구는 한인들의 태국 이주 동기와 과정, 일상적 삶 속의 생활양식과 정체성, 한인과 현지인의 관계와 갈등 양상, 현지로의 동화과정과 초국적 정체성에 대해서 잠정적으로 파악해보았다. 그 중요한 결과를 요약해보면 다음과 같다.

첫째는 이주 동기에 관한 것이다. 초국가적 이주에 대한 많은 연구는 경제적 이유로 더 나은 선진국으로 이동한다고 주장한다. 재태한인의 경우 1980년대 중반 '체류자 중심 이민 사회'로 변한 후부터 단순하게 경제적 이유뿐 아니라 보다 복합적이고 개별적인 이유에 대해서 고려할 필요가 있다.

둘째는 일상적 삶과 민족 정체성에 관한 것이다. 2000년대 이후 이주해온 다수의 한국인은 모국의 문화 정체성도 유지하면서, 체류 국가의 새로운 전통과 문화도 수용하는 통합 유형에 가깝다고 볼 수 있다. 태국 거주 한국인들은 민족 정체성을 유지하고, 고유의 문화와 전통 생활양식을 지니고 있다. 한국어는 거의 모든 가정과 한인 사회에서 일상적으로 사용된다.

종교기관들은 이른바 '사회문화적 초국가주의' 행태를 강화시키는 중요한 역할을 한다. 경제단체 역시 한인들이 신뢰하고 필요로 하는, 현지 사회에 참여를 촉진시키는 기관이다. 반면에 한인회 조직이나 재외공관은 문화 적응 및 정체성에 큰 영향을 미치지 못하고 있다. 대중매체는 각종 문화행사의 주최나 후원을 통하여 한인 사회를 결속시키고 민족 정체성을 강화하는 역할을 수행한다.

한편 다자적 동족집단모델 논의에서 살펴보면, 사회경제 지위가 다른 재태한인은 삶의 방식에서도 상당한 차이를 보인다는 사실을 알 수 있다. 태국 내 최하위층은 한국인 가이드이다. 반면에 부유층이나 주재원의 생활양식은 크게 다르다. 앞으로 다원화된 한인 사회에 대한 분석의 필요성이 대두된다.

셋째, 한인과 현지인의 관계와 갈등 양상에 관한 것이다. 2000년대 이후 이주해온 한국인들은 대체로 현지 사회 참여에 소극적인 편이며, 태국 사회에 적응과 동화를 쉽게 하지 못하고 있다. 한국인과 태국인은 각각 독특한 역사 경험과 고유한 문화 환경의 차이로 말미암아 독자적인 문화를 형성해왔기 때문에 서로 상이할 수밖에 없다.

일반적으로 태국 한인과 현지 태국인은 고용자나 소비자의 위치에서 관계를 맺게 된다. 이런 특별한 사정과 더불어서 양국 간

이질적인 문화에 대한 몰이해가 갈등을 유발시킨다. 태국 한인 사회에서는 현지인과의 접촉이 가장 많다고 할 수 있는 회사(공장) 내에서의 양자관계에서 제일 많은 갈등이 발생하고 부정적인 상호 인식이 강하게 나타난다. 특히 태국인의 개인주의, 자연환경의 풍요로움에서 기인하는 낙천성과 한국인들 고유의 근면성, 적극성, '빨리빨리' 등의 가치들이 갈등을 증폭시킨다.

넷째, 초국적 정체성에 관한 것이다. 초국가적 삶을 사는 한인들의 경우 대부분 SNS가 모국과의 연계와 동시성을 크게 촉진시키는 것으로 나타났다. 뿐만 아니라 태국생활에 필수적인 정보도 SNS를 통해서 많이 얻는다. 재태한인이 법률적뿐만 아니라 문화적 면에서 한국인으로서의 민족 정체성을 가지고 있는 것은 분명하지만, 본국에 사는 한국인과는 분명히 다른 민족 정체성을 표현하게 된다.

태국 여성과 결혼한 이민 원로 2세나 태국인과 한국인이 결혼하여 이룬 가정의 2세들은 비교적 현지 사회에 동화가 잘되어 있다. 이에 비해서 국제학교에 다니면서 영어 위주의 교육을 받은 한국인 가정 2세들은 현지화 정도가 약하며, 한국인으로서의 정체성도 약화된다.

언어와 문화 정체성 및 문화 적응과 관련하여 살펴보면, 체류 국가의 언어 구사 정도는 곧 해당 국가의 문화를 받아들이고 이해하는 정도와 직접적으로 연관된다고 볼 수 있다. 많은 재태한인은 언어장벽으로 한인 이민 사회의 테두리에 갇히게 되며, 태국 사회로의 동화가 힘든 경향이 있다. 일반적으로 경제적인 부와 높은 교육 수준을 가진 경우 태국어 구사 능력도 높지만 주재원들 중에는 언어 능력이나 현지 문화 적응도가 낮게 나타나는 경우가 많다.

### 2. 미래 전망

앞으로 예상되는 재태한인 사회의 변화 추세는 몇 가지 측면에서 생각해볼 수 있다. 우선 동아시아의 지역협력과 한국과 태국 사이에 사회 연결구조가 강화(무역과 투자량의 증가, 인적 교류의 확대)될수록 한인 사회는 더욱 질적·양적으로 확대될 것이다. 태국 시장의 중요성과 문화·인적 교류에 비해 한·태 양국의 경제 교류는 상대적으로 아쉬운 점이 많다.

태국은 2020년 상반기 기준 우리나라의 16위 교역 상대국이며 아세안 전체 순위로는 6위이다. 2019년 단일 연도 기준으로 태국은 우리나라의 전체 39위, 아세안 국가 중 여덟 번째 투자 대상국에 그치고 있다. 앞으로 무역과 투자 활성화의 가능성이 큰데 한인 이주와 한인 사회 확대 가능성도 그만큼 커질 것이다.

저조한 투자와 관련하여 근래 들어서 하나의 계기와 가능성도 보이고 있다. 태국은 베트남에만 외국인 투자자들이 몰리는 열세 국면을 벗어나고자 새로운 성장 동력을 찾고 있다. 이를 위한 대표적인 경제 정책이 '타일랜드 4.0'과 동부경제회랑Eastern Economic

Corridor, EEC 개발 계획이다. 동부 지역에 고부가가치 산업과 함께 철도, 공항, 도로 등의 교통 인프라 투자를 집중시켜 경제특구를 구축하는 것이다. 발 빠른 일본은 2017년 하반기 고위 내각 각료가 인솔해 약 600명의 기업인이 대규모로 태국을 방문했다. 늦었지만 우리 기업인 200여 명도 최근(2018) 태국을 방문해 총리와 관계부처 장관을 만났다. 이 자리에서 한국 기업 투자를 위한 규제 개선과 무역과 투자 장벽을 없애기 위해 다양한 노력을 기울이겠다는 약속도 받았다.

우리가 이 기회를 호기로 삼을 수 있는 것은 태국에서 한국은 과학기술이 발전한 나라이며, 정보통신IT 선진국이라는 인식이 강하기 때문이다. 어느새 태국에서 한류와 함께 IT도 대한민국의 브랜드가 된 셈이다. 또 한류라는 강력한 소프트 파워는 우리 기업들의 막강한 지원세력이 되고 있다. '타일랜드 4.0'은 경제와 사회 전반에 ICT 기술을 적용해 스마트 산업, 스마트 시티, 스마트 피플을 구현하고자 하는 중장기 국가발전 계획이다. 모두가 IT·첨단기술과 밀접하게 관련이 있어서 이에 대한 한국 투자는 각별한 의미를 가질 수 있다.

한국과 태국의 인적 교류는 2018년에도 활발했다. 상호 방문 관광객 규모는 아세안 국가 중 단연 최고 수준이다. 2018년 태국을 찾은 한국인 관광객 수는 전년보다 증가해 약 180만 명을 기록했는데, 태국에서 보면 한국은 중국과 말레이시아에 이어 세 번째로 자국을 많이 찾는 국가이다. 한국을 방문한 태국인 관광객 수도 약

56만 명으로 전년 대비 6만 명가량이 증가했는데 아세안 국가 중 가장 많다.

2000년대 초 초국가주의 현상으로서 '재태한인의 대규모 이주 현상' 중 눈에 띄는 것은 한류와의 관련성이었다. 태국 속 한류는 재태한인 이주 현상의 중요한 요인 중 하나로 자리매김했다. 한류가 지속되기 위해서는 무엇보다 쌍방향 문화 교류에 대한 노력이 필요하다. 그 계기는 한국에서 나타나고 있는 태류 현상에 대한 관심에서 시작될 수 있을 것이다.

태국에서의 한류 영향력에는 못 미치지만 한국 속에서도 태류 현상은 나타나고 있다. 그 선도층은 이주 노동자와 국제결혼 이민자들을 비롯해서 음식, 영화 등이 있다. 우리가 태국 노동자와 결혼 이민자들을 좀 더 따뜻한 시선으로 바라보고 다문화 현상을 존중하며, 그들의 문화에 관심을 가진다면 태국의 한국에 대한 관심이 커지는 것은 인지상정일 것이다.

그것은 필히 한류와 한인 사회의 확대 발전과 밀접한 관계를 갖게 될 것이다.

2018년 12월 말 현재 국적별 체류 외국인은 중국 45.2퍼센트(107만 566명), 태국 8.4퍼센트(19만 7,764명), 베트남 8.3퍼센트(19만 6,633명), 미국 6.4퍼센트(15만 1,018명), 우즈베키스탄 2.9퍼센트(6만 8,433명) 등의 순이었다. 2018년 12월 말 현재 결혼 이민자를 국적별로 보면 중국이 36.9퍼센트(한국계 포함, 8만 600명)로 가장 많으며, 베트남 26.7퍼센트(4만 2,460명), 일본 8.6퍼센트(1만 3,738명), 필리핀

7.4퍼센트(1만 1,836명), 캄보디아 2.8퍼센트(4,496명), 태국 2.8퍼센트(4,411명)로 태국이 6위이다.[1]

앞으로 또 다른 태국 속 한류로 인식되는 유학과 은퇴이주도 한인 사회 규모 확대에 기여할 것이다. 한국에서의 조기유학 붐과 태국 출신 유학생 수가 급증하면서 태국으로서의 유학은 훨씬 더 보편적인 현상으로 나타날 것이다. 현재 태국에 거주하는 한인 중 유학생 비율을 살펴보면, 말레이시아(1만 3,122명 중 3,809명, 0.29퍼센트)에 이어 2위(2만 500명 중 3,050명, 0.148퍼센트)이다(외교부 2017).

태국 은퇴이주는 은퇴 후 새로운 삶을 개척하기 위한 방편이나 자녀들의 유학을 위한 편의로 이용되는 것이 현실이지만 은퇴인구가 본격적으로 배출될 시점에는 이에 대한 수요는 더욱 확대될 것이다.

한인 사회에 부정적인 영향을 미칠 요인은 태국 불법노동자 문제이다. 국내 외국인 불법노동자의 수가 크게 늘자 법무부는 2018년 10월부터 2019년 3월까지를 불법체류 외국인 '특별 자진 출국 기간'으로 지정했다. 하지만 그 효과는 미미한 것으로 나타났다. 이 기간 동안 전체 불법체류 노동자 수로 추정되는 태국인 14만 3,000여 명 가운데 10.7퍼센트인 1만 5,200여 명만이 자진 신고했다.

태국인들의 한국 불법체류 노동자가 많은 것은 양국의 임금 격

1 http://www.korea.kr/archive/expDocView.do?docId=38330&call_from=rsslink

차 때문으로 태국은 최저임금이 월 9,000밧에 불과하지만 한국은 5만 밧이나 된다(방콕포스트 2019. 05. 20.).

불법노동자들은 대부분 농업이나 마사지 업계에 종사한다. 해외 송금으로 인한 국부 유출과 근로시장의 위축 등 불법노동자가 초래하는 부정적인 측면이 강조되면서 일각에서는 불법체류자 1위국 태국을 무사증 입국 제외 국가로 지정해야 한다는 주장이 거론될 정도로, 동 문제는 한·태 양국 간 심각한 문제로 대두되고 있다.

태국인 불법노동자 문제는 한인 사회에 부정적인 영향을 미치고 있다.[2] 2014년 태국이 비자런을 이용한 체류 연장을 금지하겠다고 발표했다. 사건 발생 당시 재태한인 다수는 태국 정부의 이번 조치가 한국 출입국관리소의 태국인 입국 거부에 대한 보복으로 보인다고 주장했다. 표면적으로는 모든 외국인을 대상으로 하지만, 정황상 한국인을 표적으로 삼고 있다는 것이다.

2013년 한 해 동안 약 6,600명의 태국인이 한국 정부로부터 입국을 거부당했다. 이는 전체 외국인 입국 불허 대상자의 40퍼센트가

2 2014년 태국 한인 사회는 그야말로 충격에 빠졌다. 태국이 '비자런(무비자 체류 허용 기간이 지나기 전 일시 출국했다 다시 귀국해 체류 기간을 연장하는 방식)'을 이용해 체류를 연장하는 외국인에게 향후 3개월간 유예기간을 준 뒤 출입국을 금지하겠다는 방침을 밝힌 탓이다. 이 조치에 따르면 한국인 수천 명이 태국을 떠나야 했다. 이에 해당하는 한인 중에는 오랫동안 태국에서 생활 터전을 일궈온 사람이 많다. 합법적 체류 조건을 갖출 유예기간이 주어졌다고는 하지만, 영세업자나 취업비자가 인정되지 않는 직업 종사자는 심각한 영향을 받게 되었다. 한국은 1981년 태국과 상호 간 사증(비자) 면제 협정을 체결했다. 이에 따라 양국 국민은 상대국에 비자 없이 90일간 체류할 수 있다. 이후 재태한인 중 상당수는 비자런 방식으로 체류를 연장해왔다. 이는 불법이기는 하지만 수십 년간 태국 정부가 묵인해온 일종의 관행이기도 하다.

넘는다. 동남아시아의 다른 국가인 필리핀과 베트남의 경우 입국 거부율이 2.5퍼센트 남짓에 불과했다. 이 비율은 태국인 불법체류자가 많은 점을 감안한 상대적 조치라 해도 상당히 높은 편이다. 한국에서 태국인의 입국 거부 비율은 세계적으로 가장 높은 수치라고 한다.

결국 당장 한인 수천 명이 귀국하는 사태가 벌어지면 태국 내 교민 사회의 경제 기반이 뿌리째 흔들릴 수 있다는 점이 큰 문제로 대두되었다(주간동아 2014. 06. 23.: 58).[3]

한인 사회의 질적 변화와 관련해서도 언급해본다. 앞으로 태국 경제가 더욱 성장하고, 한인들이 현지 문화를 객관화하여 바라보는 교육과 훈련이 이루어지면 서로를 바라보는 시각에도 변화가 생기고 한인들과 현지인들 간의 갈등관계도 해소될 수 있을 것이다. 또 태국 문화를 이해하기 위해서는 무엇보다 태국어 구사 능력이 뒤따라야 한다. 체류 국가의 언어 구사 정도는 곧 해당 국가의 문화를 받아들이고 이해하는 정도와 직접적으로 연관되기 때문이다.

마지막으로 이 글을 마무리하면서 아쉬운 것은 코로나19 후의 한인 사회 변화를 반영하지 못한 점이다. 태국에서 코로나19 바이러스가 번지기 시작한 것은 2020년 2월부터이며, 사태의 추이가

---

3 2018년 한국 입국이 거부된 태국인은 2만 6,000여 명에 달했고, 2019년 1분기에는 1만 명에 이르렀다(방콕포스트 2019. 05. 20.).

심상치 않자 태국 정부에서는 코로나19를 위험전염병으로 지정해 관보에 게재하고 3월 1일부터 효력이 발효됨을 알렸다. 태국 보건부는 3월 5일 코로나19 확진자 수 상위 4개 국가(중국·한국·이란·이탈리아)를 코로나19 위험 감염 지역으로 지정하는 관보를 게재했다. 태국 내무부는 3월 11일 코로나19 확산을 막기 위해 도착비자(18개국) 및 무사증입국(한국·이탈리아·홍콩)을 중단한다고 발표했다.

이어 쁘라윳 총리는 3월 26일을 기해 국가 비상사태를 선포했다. 2020년 3월 23일부터 접경국(말레이시아·미얀마·라오스·캄보디아)과의 육로 국경 검문소 운영을 무기한 중단했으며, 매일 2회 운항 중인 대한항공 방콕-인천 노선 직항편이 3월 29일부터 매일 1회로 축소되고 매일 1회 운항 중인 타이항공 방콕-인천 구간 직항편은 3월 25일부터 운항이 중단됐다. 90일 한·태 사증면제협정도 잠정 중지된 후 30일로 단축되었다가 다시 45일로 연장되었다.[4]

이후 코로나19 사태의 장기화와 이로 인한 해외여행 중단은 재태한인들의 이주와 정착이라는 문제를 새로운 관점에서 바라보게 했다. 특히 한인들이 영주권을 취득하여 영구 거주를 목적으로 삼는 것이 아니라 장기 체류 비자를 취득하거나 단기 체류 비자를 연장해가며 거주하는 태국의 경우 코로나19 사태를 통해 그 문제점이 확연하게 나타났다.

---

4 https://overseas.mofa.go.kr/th-ko/index.do, 주태 대한민국 대사관 홈페이지 코로나19 관련 동향.

전에 경험하지 못했던 코로나19는 한인 서비스업 종사자들뿐 아니라 수많은 제조업체에도 충격을 안겼다.[5] 사회의 모든 부분에서 새로운 정상new normal이 나타날 포스트 코로나19 시대에는 사태 추이에 따라 한인 사회의 모습도 변화할 것으로 예상되며, 태국으로의 이주에 대한 생각과 태도에도 변화가 생길 것이다.

5 코로나19 사태와 함께 태국에서 관광 계통에 활동하던 한인 종사자들 상당수가 귀국했다. 하지만 시간이 지나면서 귀국자 중 일부가 다시 태국으로 돌아갔으며, 한국 음식점이나 식품유통 계통의 종사자들의 태국으로의 유입현상이 새로운 트렌드로 나타나기도 한다(한태상공회의소장 전화 인터뷰).

|부록1|

# 재태한인 인터뷰 추가분

재태한인 사회의 이주 동기, 현지인들과의 관계, 동화과정과 초국적 정체성 관련 인터뷰 내용 중 본문에 소개되지 않은 부분만을 정리하여 수록한다.

## 1. 정착 시기, 동기 및 경로

한국에서 태국어과를 졸업한 후 2010년에 태국에 들어와서 친척이 경영하는 여행사에서 근무했으며 지금은 엔터테인먼트사에서 일하고 있다. 태국에 건너오기 전에도 서울에서 여행사 일을 했다.

대학 졸업 후 2005년에 태국으로 건너와 태국어 석사와 박사과정을 마쳤다. 대기업에서 3, 4년간 통역일을 했으며, 대학에서 6년 동안 한국어 강의를 했다.

1999년에 태국에 건너왔다. 1992년에 호주 유학 중 태국 친구들을 만났다. 이런 인연으로 호주 유학 때 태국 여행을 자주 했으며, 태국에 정착하러 와서는 호주 유학 시절 사귄 태국 친구들의 도움을 받았다.

2000년 유네스코 장학금을 받고 동북부 소재 대학을 1년간 다녔다. 2007년 한국에서 대학 졸업 후에는 호텔 매니저로 8개월간 일했으며, 지금은 2개의 법인을 운영하고 있다. 통역 알바를 하면서 태국 사회와의 네트워크를 구축해두었다. 어차피 태국에 살려면 태국 커뮤니티와 관계를 맺는 것이 중요하다고 일찍이 생각했다.

1984년 12월 대기업에 입사, 2001~2002년 미얀마, 2003년 초~2004년 말 태국 주재원 생활을 했다. 지사장 시절에는 한국 직원 1명, 태국 직원 5명과 함께 일을 했다. 지점이 폐지된 후에는 개인사업과 종교생활을 하고 있다.

한국에서 대형 슈퍼마켓과 극장식 카바레를 했으나 부도가 났다. 당시 친척 매형이 관광을 왔다가 주저앉아 태국에서 여행사를 하고 있었는데 그것이 인연이 돼서 1985년 태국에 와서 쇼핑센터를 시작했다. 한약

원자재를 한국에 수출하기 시작했으며 소련에서 녹용과 사향을 수입해서 태국에 있는 관광 여행사에 납품하기도 했다.

태국으로 이주한 동기는 30년 전 일본 유학 시절에 사귄 태국과 일본 친구들과의 인연 때문이었다. 당시에 유럽여행을 가려다가 경유지인 태국에 들른 적이 있는데 그때부터 태국과 정이 들고 태국 여행을 자주 했다. 대학 시절 일본 친구들 중 지금 태국에서 자리 잡은 사람들도 있다. 태국으로 이주해온 또 다른 동기는 자녀 교육문제도 있었다. 한국에서는 학교생활에 잘 적응이 되지 않았는데 지금은 치앙마이 국제학교 생활에 완벽히 적응하고 있다. 이주 당시 30년 동안 치앙마이에 거주하고 있는 일본인 친구와 부산 출신으로 여행사를 경영하는 사장 부부가 실제적으로, 심적으로 정착에 큰 도움을 주었다. 아들의 학교 선택부터 장보기, 맛집 소개에 이르기까지 큰 도움을 받았다.

태국으로 건너오기 전 태국어를 크게 불편함 없이 사용할 줄 알았다. 한국에서 태국어과를 다닐 때 교과서를 거의 외울 정도였다. 또 언어 훈련을 위해서 다양한 경험을 가졌다. 운천 태국군 부대에서 근무하는 군인이나 용산 유엔사령부에 파견 나온 태국 군인들을 틈만 나면 만나서 회화연습을 했다. 국비장학생으로 수학하던 태국인 교수, 고급 태국 관광객들 통역도 해 꽤 알려져 있었다.

## 2. 현지인과의 일 속에서의 관계

일(건강식품, 화장품, 정부사업 컨설팅 등)을 할 때는 대부분 영어와 일본어를 사용한다. 큰 불편은 없지만 디테일한 부분을 설명할 때 태국어의 필요성을 크게 느낀다. 태국인은 월급을 받은 후에 출근을 안 하는 경우가 많다. 일부 한국인은 태국인을 얕잡아보는 경향이 있다. 특히 식당에서 종업원을 함부로 대한다. 태국인의 한국인에 대한 이미지는 한류가 태국 사회에 뿌리내리기 시작하면서 크게 달라졌다고 생각한다.

호주에서 처음 만난 태국인들은 친절하고 재미있었다. 내가 만난 태국인들은 영어를 할 줄 아는 상류층들이었다. 그들은 자동차 모으는 것이 취미였고 요일마다 자동차를 바꿔 타고 다니는 사람도 있었다. 실력도 있고 열린 사고를 하는 친구들이 많았다. 하지만 태국에서 일하면서 마주한 태국인은 즉흥적이며, 열성적이지 않았고, 심각성이 없고, 임기응변적이며, 위기를 쉽게 넘어가려는 것을 보면서 호주에서 만난 태국 유학생들과는 많이 다른 것을 느낄 수 있었다.

태국 사람은 자발성이 없고, 시키는 일만 하고, 수동적이다. 이전 임지였던 미얀마의 미얀마인은 똑똑하고, 알아서 하고, 베풀면 사양할 줄 알았다. 이에 비해 태국 사람은 얄팍해 보였으며, 베풀면 더 안 주나 하는 느낌을 갖게 만들었다. 태국인과의 의사소통은 영어로 했다. 일본 상사 직원들은 태국어를 잘한 기억이 나는데 5년 정도 거주한 사람이었다. 그는 술을 마시고 들어가도 매일 태국어를 공부한다고 하면서 매일 1시간씩 태국어 공부할 것을 권하기도 했다.

### 3. 가족 관계

친부모님은 돌아가시고 장인과 장모는 태국으로 이주해왔다. 태국이 살기에 편안하고, 날씨가 따뜻해 몸에 무리가 안 가는 것 같고, 즐겁게 살 수 있어서 태국을 좋아하신다고 한다. 1년에 2~3회는 사업차, 가족 방문(6남매)차 한국을 간다. 가족들은 1년에 한 차례는 태국을 방문하는데 이때 경비가 많이 든다. 태국에 살지만 가족과의 관계 유지에는 거의 문제가 없는 것 같다. 하지만 태국에서 거주하다 보니 한국에 있는 친구와는 거의 소식을 전하지 못하고 있다.

기독교 집안이라 제사를 지내지는 않지만 추도식, 생일 등을 챙기기 위해서 한국을 1~2회 방문하고 있다. 친구들과의 모임에 참석할 수 없는 것이 유감이지만 친구들이 가끔 방문하고 있다. SNS를 통해서 친한 친구들과 카톡방을 운영하고 있으며, 경조사는 친한 친구 것만 챙기고, 과거 회사 동료 경조사를 챙길 때는 회사 친구 중 가장 친했던 한 사람을 통해서 하고 있다.

### 4. 자녀 교육

아직 미혼인데 결혼 상대로는 한국인이든 태국인이든 상관없다고 생각한다. 직장에서 태국인과 생활하다 보니 거부감이 적다. 한국 여성은 받기를 원하는 편이지만 태국 여성은 꼭 그런 것 같지는 않다. 하지만 한국 여성보다 질투심과 집착이 강하고, 헤어질 때 쿨하지 못한 것 같다. 태국 여성과의 사이에서 자녀를 갖게 되면 한국에서 교육시키고 한국인으로서의 정체성을 뚜렷하게 갖도록 키우고 싶다. 그 이유는 태국 사람들의 일처리 방식에 대한 불만 때문이다.

한국에서 중학교에 다녔던 아들이 아침부터 밤까지 학교와 학원에서 생활해서 자식이나 부모가 무척 지쳐 있었다. 하지만 태국에 온 후부터는 아들과 같이 지낼 시간이 많아져 대화도 많이 하고 이해심도 깊어졌으며 아들 스스로 안정감을 찾은 느낌이다. 어려움이 없는 것은 아니다. 한국과 같이 교통이 발달한 곳이 아니라서 등하교 시 부모가 직접 학교와 집을 오가면서 데리고 다녀야 하기에 불편하다. 어떤 이웃은 부모가 아닌 조부모가 은퇴이주 후 손주를 데리고 온 경우가 있었는데 조부모와 손주의 나이 차가 너무 많이 나서 대화가 부재하기도 하며, 이혼자녀의 경우 엄마를 따라 유학을 와서 정착의 어려움을 겪은 끝에 한국으로 다시 돌아가기도 했다. 아들이 고등학교 졸업 후 영국이나 스위스로 유학을 갈지 아니면 태국에서 대학을 다닐지에 대해서 고민하고 있다. 많은 다른 재태한인의 부모들은 자식들이 유럽이나 미국으로 유학 가기를 원하며, 자식들은 한국으로 돌아가고 싶어 한다고 한다.

딸이 국제학교 고1 과정에서 수학하고 있는데 영어와 태국어, 중국어 실력이 수준급이다. 앞으로 태국이나 유럽 등에서 대학을 마친 후에는 한국에서 직장을 구했으면 좋겠다. 태국 내에 있는 태국 회사 또는 미국, 일본계 회사에 취업하게 되면 승진에 한계가 있기 때문이다.

초등학교 5학년 때 태국에 건너와서 국제학교(고등학교)를 졸업한 후 한국 대학으로 특례 입학했다. 아들에게 선택권을 주었으나 한국에서 공부하겠다고 했다. 평소 한국의 IT 환경과 대학생활을 선호했다. 초등학교 국제학교 학비는 1년에 2,000만 원 정도, 중학교는 1년에 1,000만 원 정도 들었다. 국제학교에서는 태국어를 가르치지 않아 친구를 통해서나 입주과외를 통해서 가르쳤다. 말은 배웠으나 읽고 쓰기에는 약간 문제가 있다.

슬하에 남매를 두었는데 아들과 딸 모두 항공사에서 근무하고 있다. 어릴 때부터 100퍼센트 태국인으로 키웠다. 자식들이 태국인이 된 데 대해서 안타깝게 생각하고 있다. 자식들은 한국이라는 나라에 대해서 애착을 갖고 있지도 않다. 자식들과 영어로 의사소통을 한다.

1남 1녀 모두 유치원에서 고등학교까지 태국에 있는 국제학교에 다녔다. 아들은 미국 유학을 가서 학·석사과정을 마치고 박사과정을 밟고 있다. 딸도 미국에서 대학을 마치고 한국에서 회사생활을 한다. 지금도 아들은 태국에 대한 애착이 강해 1년에 두 번 정도는 태국을 방문한다. 태국 음식을 아주 좋아하고 태국 여성과 연애하고 있으며, 후일에 태국에서 호텔 사업하기를 원한다. 두 아이가 태국에서 자랄 때는 한국어를 가르치는 곳이 한인회에서 운영하는 토요학교밖에 없었다. 그래서 자녀들이 영어와 태국어는 잘했지만 한국어를 못했다. 이것이 미국으로 유학을 보낸 이유 중 하나이다.

## 5. 한인 사회

생활하면서 보니, 언어문제로 현지 사회와의 접촉이 없어서 생기는 외로움과 한인 사회의 불신에서 오는 어려움이 있다. 한인 사업의 영세성으로 태국 사람들과 교류할 여유까지는 없는 것 같다. 요즘은 한류로 인해 태국 사람들이 먼저 말을 걸어오는 경우도 많다. 한인회 행사, 한인 식당 무료행사, 일부 여행사들의 무료 1인 투어행사 때가 한인을 만날 수 있는 기회이다.

한인 사회는 화합이 잘 안 되며, 동업종 간에는 갈등이 심각하고, 개인적 갈등까지 겹쳐 있다.

세대 간, 유사업종 간의 갈등이 나타나고 있다. 원로그룹은 많이 돌아가셨는데 다음 세대로 (한국의) 전통이 이어지지 못하고 있다.

## 6. 상호인식과 관계

직장에서 태국 동료들과 주로 접촉하면서 생활한다. 이들의 한국인에 대한 이미지는 일하면서 화를 잘 낸다는 것이다. 하지만 업무 외적으로 한국인은 마음씨가 착하다고 인정한다. 한국 사람은 음식점에 가면 연장자나 직장 상사가 밥을 사는 경우가 많은데 태국인들은 이런 점을 좋아하는 것 같다.

태국 사람들은 비즈니스를 할 때 결정이 늦다. 손해 볼 짓은 절대 안 한다. 태국 사람들은 질 싸움은 절대로 안 한다. 얻지는 못해도 잃지는 않겠다는 태도이다. 한국인은 우선 도전하거나 질 싸움도 하는 경우가 있다. 태국 사람은 전체적인 그림을 잘 그리지만 디테일이 떨어진다. 일하다가 사꾸 옆길로 빠지는 경우가 많다. 좋은 상품을 만들어도 디스플레이display가 서툴다. 예를 들면 유효기간이 오래된 물품은 진열할 때 앞에 놓고 신상품은 뒤에 배열하는 것이 원칙인데 태국 직원들은 귀찮아서 거꾸로 진열하는 경우가 많다.

태국 사람은 다른 사람이 잘되는 것을 바라지 않는다. 대단히 개인주의적이라서 사업하기가 힘들다. 태국인은 겉과 속이 다르다. 한·태 두 민족 간 성격이 판이하게 다르다. 한국 사람들을 태국 사람들을 동등하게 보지 않기 때문에 현지화가 어렵다. 현재 태국에서 현지화되지 않고 한국 스타일을 고수하고도 살 수 있는 것은 한국의 국력이 태국보다 우위에 있고, 한국산 제품이 경쟁력이 있기 때문이다. 태국에 사는 일본 사람들은 태국식으로 생활하려고 하는 점에서 우리와는 다르다. 현지 사회에 동화(현지화)가 가장 잘되는 그룹은 태국인과 결혼하여 이룬 가정의 2세나 자영업자의 자녀들(부모들이 적응하는 어려운 과정을 보면서 생존력이 생김)이다.

요즘은 세븐일레븐에서도 한국 음악이 흘러나오고, 공중파 방송에서도 한국 연속극이 방영되며, 차 타고 가면서도 한국 음악을 들을 수 있다. 그래서 김치에 소주를 먹으면서 한국인으로서 정체성을 공유했던 경험은 없어진 것 같다.

먹고사는 일이 태국인과 직접 관계가 되면 태국 사회와 더 가까워질 수 있을 것이다. 하지만 그렇지 못해서 한국인과 더 가까워지는 경우가 있다(제조업 경우).

태국 사람의 이미지는 편하다, 착하다, 따뜻하다, 미소를 짓는다, 순하다, 게으르다, 성실하지 않다, 2개를 시키면 하나밖에 못한다(따라서 여러 개를 시키지 못한다), 창의성 있는 일을 못 한다, 시키는 것만 하고 많이 바라면 안 된다, 틀을 정해서 그 안에서만 일하도록 하고 풀어주어서는 안 된다 등이다.

태국 사회는 권위주의 사회라서 자유를 주어도 본인이 불편해하는 경우가 많다. 예를 들어 운전기사에게 밥을 같이 먹자고 해도 절대로 같이 먹지 않는다. 또 약속을 안 지킨다. 콘도 수리할 때 기술자를 부르면 제시간에 오지 않는다. 서류를 뗄 때도 행정 지연 현상이 보편적으로 나타난다. 미터 택시인데도 택시비를 흥정하려 한다든지, 택시 거스름돈을 안 주는 것도 부정적인 이미지 중 한 가지이다.

한류를 통해서 전반적으로 한국인에 대한 이미지는 좋다고 볼 수 있다. 한국에 입국하고자 하는 태국인의 입국거부 사례로 한국인의 이미지가 부정적이다. 한국공항에서 헝 옌ห้องเย็น(조사실)에 끌려가 전화통역으로 취재받을 때의 부정적 이미지를 얘기하는 태국인들이 많다.

한국 사람에 대해서는 외모에 대한 평가가 많다. 잘생겼다, 예쁘다, 피부가 좋다 등이다. 이외에 한국 음식이 맛있다, 한국 드라마가 재밌다, 한국 가서 일하면서 살고 싶다는 태국인들이 늘고 있다. 한국인은 인정이 많다, 성격이 급하다 등도 있다.

태국에서 오래 살다 보니 태국 사람들이 외국인으로 보지 않고 현지화된 태국인으로 취급하여 자존심이 상한 경우도 있었다. 태국어를 사용하는 것이 편하며, 태국인의 생활방식에 적응됐고, 한국인들이 자주 화를 내는 게 이상하게 보이는 때가 있다. 마음이 여유로워졌다.

기본적으로 한국인은 러이끄라통과 쏭끄란 같은 전통명절조차 몰랐으며, 국왕에 대한 존경심, 정치·경제 상황에 대해서 무지했고 태국인을 무시하고 천박하다고 생각했으나 근래 들어서 많이 바뀌고 있다. 특히 태국어를 공부할 필요성을 많이 느끼는 것 같다. 20~30년 전에 태국에 건너온 사람 중에서는 태국어를 전혀 모르는 사람도 많았지만 근래는 그렇지 않으며 태국을 공부하려는 사람들이 증가하고 있다.

태국 사람은 신의, 신념에 앞서 물질우선주의이다. 자기 속을 쉽게 보이지 않는다. 기본적인 성향은 착하지만 한계를 넘으면 무섭게 폭발한다. 군중심리에 잘 휩쓸리고 귀가 얇다. 말 안 하고 가만있어야 점잖다는 이야기를 듣는다. 여기에 비해 한국인은 거짓말을 못 한다, 직선적이다, 급하다.

과거에는 태국을 아래로 보는 시각을 갖고 있었으며, 오래 살아도 태국인이 되어야겠다는 생각은 없었지만(언젠가는 돌아갈 것이다) 지금은 급한 성격이 변하고, 태국 사람들이 우리보다 행복하다는 생각이 든다. 태국인은 순하고, 자기이익에 철저하다. 태국인은 교과서적 협상전략에 능하다. 태국인은 털어놓지 않고 숨겨두는 데 한국인은 모든 걸 털어놓는다. 태국인은 조금만 잘해주면 오해하기 일쑤이다. 한국인은 보안개념이 없고 비밀유지 개념이 희박하다. 태국인은 속내를 드러내는 경우가 거의 없으며 수동적이다.

원래 태국 사람들은 외국인에 대해서 개방적이다. 한류 때문에 한국에 대한 인상이 크게 제고되었다. 처음 태국 왔을 때는 돈 주고 한국어를 배우라고 해도 아무도 관심을 갖지 않았다. 그걸 배워서 뭐하느냐는 반응이었다. 하지만 2004년 코이카 단원으로 와서 태국인을 만나보니 한국 가서 일해서 돈 벌자면 한국어를 배워야 한다는 분위기로 바뀌었다. 요즘은 한류로 한국에 대한 인식이 크게 바뀐 걸 피부로 느끼고 있다 (하지만 최순실 사건 때는 태국 사람들이 한국도 별거 아니네 하는 반응을 보인 것 같다). 처음엔 한국 사람들이 급하고, 일 처리를 빠르게 하는 것을 보고 능력이 있다는 생각을 했다. 태국 사람들은 일처리가 워낙 늦어서 우리가 일주일 걸릴 것을 한 달 걸려서 처리하는 걸 보고 이게 뭔가 싶기도 했다. 요즘은 생각이 많이 바뀌어서 이렇게 슬로 템포slow tempo로 사는 게 정상이고 우리가 비정상이라는 생각이 든다. 태국인들의 느긋한 삶은 불교의 힘이 아닌가 싶다.

과거 보신관광 등으로 한국인에 대한 이미지가 좋지 않았던 때가 있었다. 당시 뱀집에서 가짜 웅담을 팔고, 오리 쓸개를 코브라 쓸개라고 속여서 팔기도 했다. 사향과 같은 것은 공진당의 재료로 사용하는 등 효과가 있으나 웅담의 효과는 보장할 수 없다. 태국 사람들은 거래할수록 뒤집어씌우려고 한다. 믿지 못하겠다. 도통 단골 개념이라는 것이 없다. 순진하다, 게으르다, 악착같지 않다. 태국인은 작은 것을 속이지만 한국인은 큰 것을 사기 친다.

## 7. 이민정책

워크 퍼미트는 1년에서 2년까지 받을 수 있다. 90일마다 체류 연장을 하기 위해 인터넷과 EMS를 통해 신청서류를 제출하는 것이 가능하기는 하다. 취업비자를 받기 힘든 이유는 준비해야 할 서류가 많고 제출을 해도 일부러 반환하고 뒷돈(약 3,000밧)을 받고 해주기도 하기 때문이다. 한인들이 스트레스를 받는 일 중 하나가 취업비자를 받는 일일 것이다.

비자, 워크 퍼미트 등을 신청할 때 행정절차가 간소화되었으면 좋겠다. 외국인이 갖지 못하는 39개 직종이 있는데 이 중 한·태 양국 관광 교류가 활발한데도 가이드 직업이 금지되어 있는 점은 불합리하다.

현재 워크 퍼미트를 받아서 생활하고 있다. 옛날에는 영주권 취득이 쉬웠지만 비자런이라는 것이 있어서 우습게 알았다. 현재는 영주권 받는데 1,500만 원 정도가 들고 있다. 태국인은 외모 꾸미는 데 별로 신경을 안 써서 한국 공항에서 오해받는 경우가 있다. 태국에서는 위법하지 않으면 살기 편하다.

## 8. 한인-현지인 가족

자녀 교육 방식 문제로 다투는 경우가 많다고 들었다. 예를 들어서 한국에서는 어린이에게 단것을 많이 먹이면 좋지 않다고 하지만, 태국 사람은 이해를 못 하는 경우가 있다.

문화적 이질감으로 결혼생활에 실패한 사람들이 과장된 선전으로 태국인과의 결혼에 부정적인 생각을 갖게 만든다. 일본 정부는 태국인과의 결혼을 권장한다고 한다. 한국 여성과 결혼할 능력이 안 되는 한국 남성이 태국 여성과 결혼하면 그 생활이 순탄치 않으며 반대의 경우는 행복해 보인다.

비자런 이후에 한국 남성들이 태국 여성과 결혼하는 경우가 증가하고 있다. 합법적으로 일자리를 찾지 못한 한국 남성이 태국 여성과 결혼하면 거주 자격 1년의 결혼비자를 받을 수 있다. 태국 여성들은 한국 남성들의 약점을 잘 알고 있다. 자신과 이혼하면 거주가 불가한 것을 알기 때문에 남성들은 여성과 사이가 좋아야 한다. 결혼 후 한국의 시댁을 방문했을 때 (한국 식의) 며느리 역할을 기대하는 시댁 식구들과의 갈등 현상도 나타난다.

엄마 손에서 자라나는 아이들은 태국인으로서의 정체성이 강하게 나타난다. 한국 남성들은 한국 여성을 찾기가 어려워서 태국 여성과 결혼하고, 혼자 사는 데서 오는 외로움으로 태국 여성과 결혼한다.

60대 한국 여성이 경제 능력이 있는 더 나이 많은 태국 남성과 같이 사는 경우가 늘고 있다. 한국 여성이 순종적이기 때문이다.

교민 1세대는 대부분 태국 여성과 결혼했다. 아이들도 완전히 태국 사람으로 자랐으며 사회 기반을 잡은 경우가 많다. 한국인 아버지와 태국인 어머니 사이에 태어난 자식들은 어머니가 키우게 되고 한국어를 전혀 못 해서 아버지는 자식과 소통이 안 되는 경우도 많다.

한인-현지인 가족 중 현재 75세 이상 세대(베트남전쟁과 사우디 세대)가 생활상 가장 문제가 많다.

## 9. 성역할과 지위

가정 내에서 남녀가 책임을 공유하는 느낌이 든다. 직장에서는 남녀평등이 한국보다 강하게 나타난다. "내가 여성이라서 이 일을 못 한다"라는 말을 들어본 적이 없다.

중산층 이상에서는 남녀평등이 이루어지고 남성의 책임감도 강하지만 중산층 이하에서는 남성은 빈둥빈둥 놀면서 게으름을 피우고 여성들이 경제를 꾸려가고 있으며 남성의 책임감도 약하다. 이것은 남녀평등이 아니다.

태국은 한국보다 확실히 남녀평등이 확립되어 있다. 태국 남녀는 일할 때는 평등하지만 가정에서 남성은 현모양처를 원하는 것 같다. 태국에서 여성이 못 할 일은 없다. 남녀평등에 관해 집안 설거지를 누가 하는가에 대한 질문을 많이 받는데 이 일은 남녀문제가 아니라 권위주의와 신분제 사회문제같이 생각된다. 태국에서 설거지는 매반(집안일을 돌보는 여성)이 하게 된다.

태국에서 커피는 여성이 타는 것이라는 인식은 갖고 있지 않다.

여성으로서는 태국에서 사업하는 게 참 편하다는 생각이 든다. 태국 사람들은 사업 파트너인 여성들에게 술을 권하지 않고 비즈니스 대 비즈니스로 대할 수 있다.

여성 정치인이 적은 것이 흠이지만 여성의 사회진출이 탁월하다. 전업주부가 없다고 할 정도로 성평등이 완벽하게 구현된다(남성이 노는 사람이 더 많다). 보수 차별이 없고 남녀 영역의 구별도 없다. 중하층은 남성들이 책임감이 없고, 바람기가 많다. 유교사회와 달리 자유분방해서 바람기가 많은 것 같다. 산업화 이후 까터이[ladyboy]가 많아진 이유는 서구화와 개인주의 성향에서 온 것으로 생각한다.

태국의 젠더개념은 도시와 농촌에 따라서 확연히 다르다. 농촌에서는 여성을 인간이라기보다 재산으로 보는 것 같다. 미성년인 여성이 부잣

집에 첩으로 들어가는 사례를 보았으며, 아버지 칠순 잔치에 미성년자를 바쳐서 법원으로부터 유죄판결을 받은 사례도 있다고 들었다. 좋게 말해서 모계사회지 [...] 중산층과 상류층 남녀는 성실해 보이고 정조관념도 강한 것 같다.

학력이 높은 중산층 이상, 상류층에서만 남녀평등이 이루어지고 있으며, 중하류층에서는 (모계사회라고 하지만) 여성을 부려 먹는 것으로 볼 수 있으며, 진정한 의미의 남녀평등이라고 할 수 없다. 지방에는 아직도 지참금을 지불하는 현상이 강하게 나타나고 있는데 최소 5만 밧에서 30만 밧까지 지불하고 여성을 데려오는 경우도 있다. 태국의 악명 높은 인신매매나 매춘, 술집에서 몸 파는 경우를 보라.

모든 직장에는 여성이 더 많다. 결혼생활을 하다 쫓겨나는 쪽은 남성이다. 밖에서 일하는 여성들은 집에 돈을 보내는데 남성은 그런 경우를 보지 못했다. 여성이 책임감이 강하다.

## 10. 향후 계획

돈을 벌어서 꼭 한국으로 돌아가야겠다는 생각은 없다. 한·태 양국을 위한 삶, 복지사업을 해보고 싶다.

앞으로 한국 사업체를 줄여서 태국으로 완전히 이전할 계획이다. 치앙마이에서 은퇴할 것이다. 아들이 대학교 졸업 후 어디서 생활할 것인가는 스스로에게 맡길 것이다. 집사람은 아들이 원하는 곳에 살고 싶다고 한다.

현재 하는 엔터테인먼트 사업을 기반으로 예술대학교를 설립하고, 동남아 유수의 연예기획사를 차리고 싶다.

문화콘텐츠 산업에 관심이 많고, MICE 사업에도 관심이 많다. 앞으로는 유통 쪽으로 사업을 다각화시키고 싶다.

은퇴 후에는 미얀마에 가서 신앙생활을 계획하고 있다. 한국어와 어순이 비슷한 미얀마어는 과거에 태국어보다 훨씬 쉽게 배운 기억이 난다. 하지만 요즘은 현지화되기 위한 노력으로 버스를 타고 다니고 그 시간을 이용해 태국어를 공부하기도 한다.

후일 한국으로 귀국할 것이며, 이미 시신 기증을 신청해놓았다. 시신 기증 2년 후에는 묘비를 마련하고 매장을 해준다고 한다. 남에게 신세를 지고 싶지 않다. 앞으로 한국어를 가르치고 양국과 관련된 사업 컨설턴트를 하고 싶다.

나는 태국에 끝까지 남아 있을 것이다.

|부록 2|

# 설문조사, 인터뷰 자료 정리

태국의 한국 기업에 근무하는 한국인과 태국인 사이에 발생하는 문화 간 의사소통의 장애요인과 특징을 알아보기 위해 이루어진 조사 결과이다. 2017년 7월과 2018년 1월 두 차례 태국을 방문하여 태국에 진출한 한국 기업에서 근무 중인 한국인(45인)과 태국인(110인)을 대상으로 양적연구(설문조사)와 질적연구(심층 인터뷰)를 실시했다.

조사 내용은 크게 비즈니스 커뮤니케이션 문화, 조직문화, 응답자 기본 문항 등 세 부분으로 나뉜다. 비즈니스 커뮤니케이션 문화는 7개 항목으로 구성되었다. 조직문화 항목은 책임의식, 업무 처리 방식, 소통방식, 위계질서, 공동체 의식, 직업관 등 6개의 소항목과

28개 세부항목으로 구성했으며, 직업관 항목에서는 구체적인 사례를 주관식으로 적도록 유도했다.

마지막으로 응답자 기본 문항은 개인 사항과 근무 사항으로 나누어 조사했다.

양적조사 연구를 위한 설문지는 객관식 질문과 주관식 질문을 포함하되, 응답자의 자세한 반응과 진위를 얻기 위해 객관식 질문 중에 복수 응답 질문과 자유 기재를 위한 공란이 제공된 것으로 구성했다. 한국인들과 일하고 있는 태국인 응답자와 태국인과 일하고 있는 한국인 응답자들에게 같은 질문을 함으로써 그들이 인지하는 상대방의 비즈니스 맥락의 문화 간 의사소통 장애 요인과 특징들을 파악하고자 했다.

이 조사는 재태한인과 현지인(태국인) 사이의 상호인식과 관계 양상을 파악할 수 있는 실증적인 좋은 사례이다.

## [ 커뮤니케이션 ]

1. 나는 회사에서 태국(한국) 사람들과 자주 소통한다

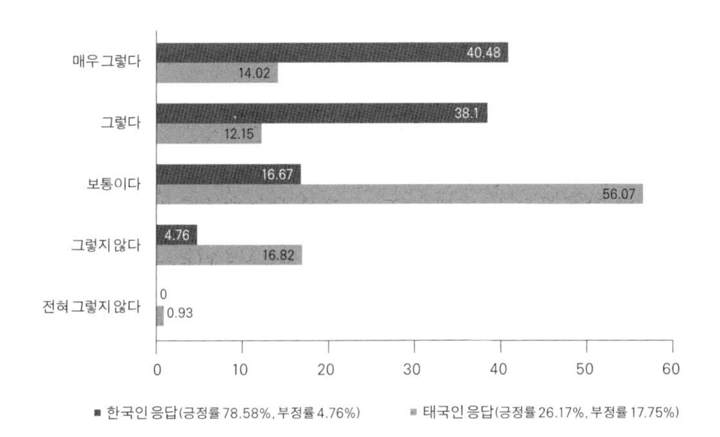


한국인 78.58퍼센트는 회사에서 태국인과 자주 소통하며, 태국인 26.17퍼센트는 회사에서 한국인과 자주 소통한다. 한국인이 태국인보다 훨씬 더 소통 노력을 보이는 것으로 나타났다.

**2. 회사에서 태국(한국) 사람들과 어떤 언어로 소통하는가?**

한국인의 90.47퍼센트는 태국인과 태국어로 소통하고, 영어 또는 태국어와 영어를 함께 사용하는 비율은 각각 4.76퍼센트로 동일하다. 태국인의 86.36퍼센트는 한국인과 태국어로 소통하며, 12.12퍼센트는 영어로 소통한다.

*복수 응답 포함

**3. 회사에서 태국(한국) 사람들과 의사소통을 할 때 어려움을 겪은 적이 있다**

한국인의 50퍼센트는 태국인과 의사소통에 어려움을 겪은 적이 있으며, 태국인은 27.11퍼센트가 어려움을 겪은 적이 있다고 답했다. 한국인이 태국인보다 더 많이 의사소통에 어려움을 겪는 것으로 나타났다.

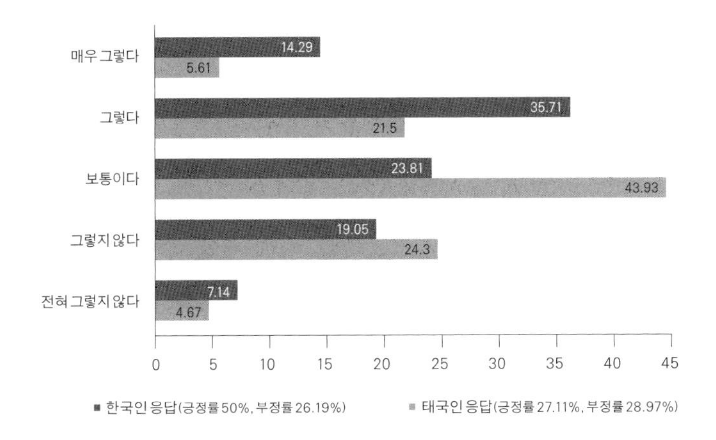


**[ 비즈니스 문화 ]**

**1. 회사에서 한국과 태국의 문화적 차이로 인해 어려움을 겪은 적이 있다**

한국인은 42.5퍼센트가 문화적 차이로 어려움을 겪었으며, 태국인은 13.08퍼센트가 어려움을 겪었다. 한국인이 태국인보다 문화적 차이로 인한 어려움을 더 많이 겪는 것으로 나타났다.

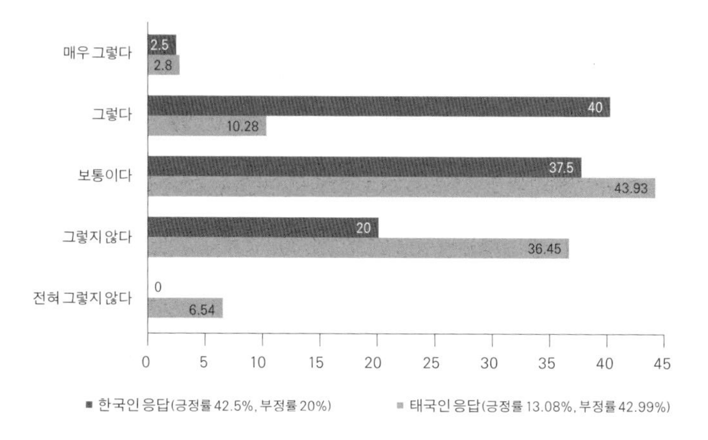


2. 회사에서 태국(한국) 직원들의 행동(사고) 방식이나 업무 스타일로 인해 당황하거나 짜증난 적이 있다

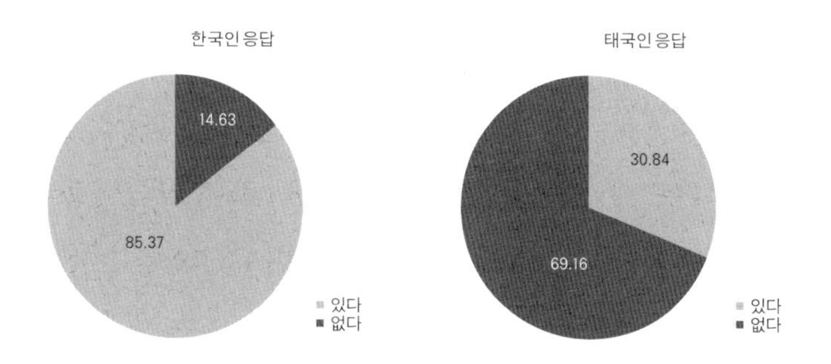


한국인은 85.37퍼센트가 태국 직원의 행동(사고) 방식 등으로 당황한 적이 있으며, 태국인은 30.84퍼센트가 그런 적이 있다고 답했다.

한국인이 훨씬 더 태국인의 행동에 당황하고 짜증 난 적이 있는 것으로 나타났다.

### 3. 한국과 태국 문화 간 차이가 비즈니스에서 중요하다고 생각한다

한국인의 90.25퍼센트는 문화적 차이가 비즈니스에서 중요하다고 생각하며, 태국인의 8.41퍼센트가 그렇다고 생각한다. 한국인은 태국인보다 훨씬 더 문화적 차이가 비즈니스에서 중요하다고 생각한다.

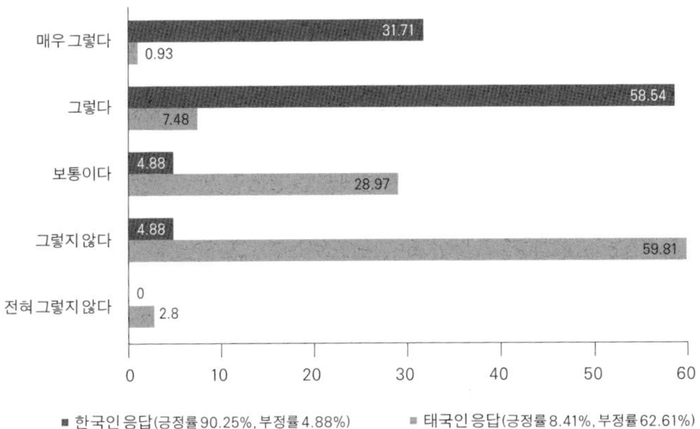

#### 4. 문화적 차이로 인한 갈등이 회사의 효율적인 업무 수행에 방해가 된다고 생각한다

한국인의 42.5퍼센트가 문화적 차이로 인한 갈등이 효율적 업무 수행에 방해가 된다고 생각하며, 태국인은 12.27퍼센트가 그렇다고 생각한다. 한국인이 태국인보다 더 많이 문화적 차이로 인한 갈등이 효율적 업무 수행에 방해가 된다고 생각한다.

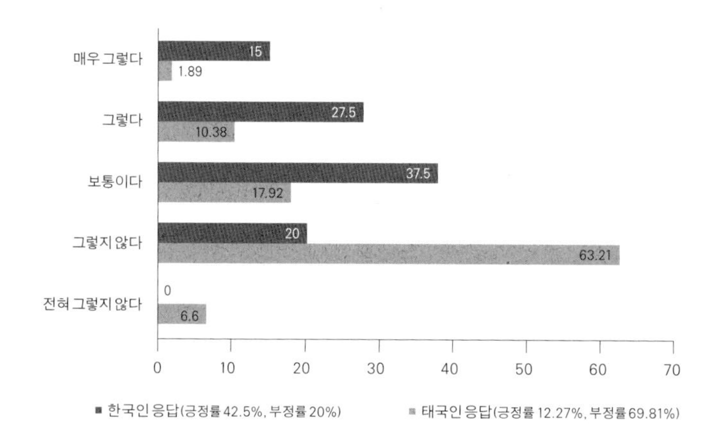

**[ 조직 구성원의 책임의식 ]**

1. 태국(한국) 직원들은 성실(정직)하다

태국인의 63.56퍼센트가 한국인은 성실하다고 생각하며, 한국인의 23.81퍼센트가 태국인은 성실하다고 생각한다. 태국인은 한국인을 훨씬 더 성실하다고 생각하고 있다.

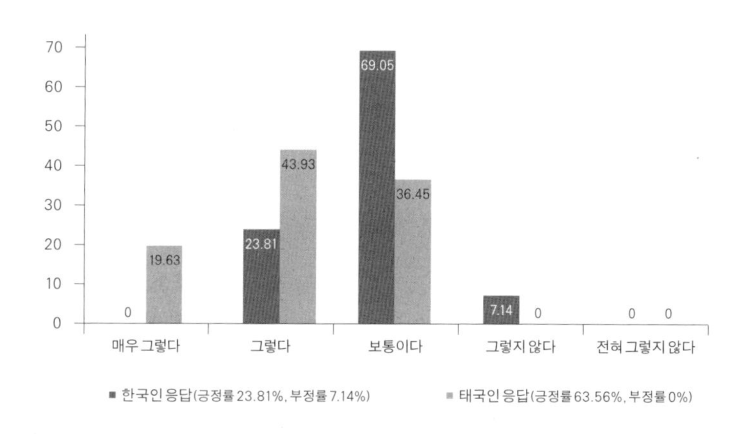

2. 태국(한국) 직원들은 시간을 잘 지킨다

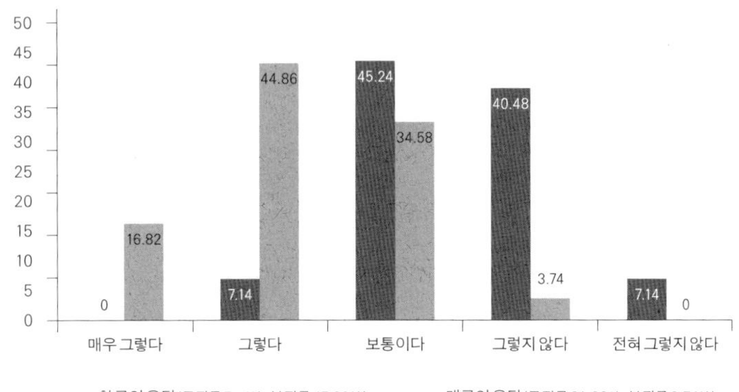


태국인의 61.68퍼센트는 한국인이 시간을 잘 지킨다고 답했으며, 한국인의 7.14퍼센트는 태국인이 시간을 잘 지킨다고 답했다. 한국인에 비해 태국인은 훨씬 더 시간을 안 지키는 것으로 나타났다.

3. 태국(한국) 직원들은 근무시간이 끝났을 때 하던 업무를 그만두고 퇴근한다

태국인의 7.47퍼센트가 한국인은 근무시간이 끝나면 하던 업무를 그만두고 퇴근한다고 답했으며, 한국인의 57.14퍼센트는 태국인이 그렇다고 답했다. 태국인이 업무를 그만두고 퇴근하는 경향이 훨씬 더 많은 것으로 나타났다.

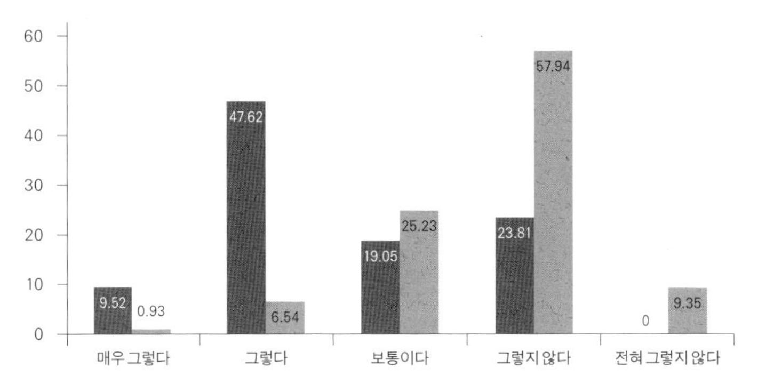


## [ 조직 구성원의 업무 처리 방식 ]

### 1. 태국(한국) 직원들은 융통성(임기응변)이 있다

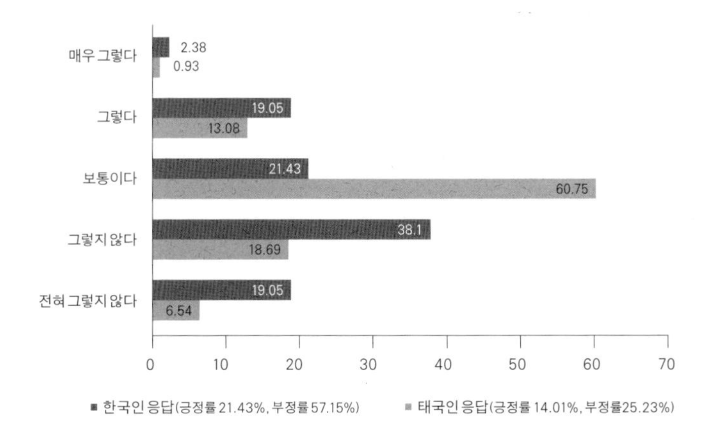

한국인의 57.15퍼센트가 태국인이 융통성이 없다고 답했으며, 태국인의 25.23퍼센트는 한국인이 융통성이 없다고 답했다. 태국인이 그러한 경향이 많은 것으로 나타났다.

### 2. 태국(한국) 직원들은 자기 일을 자발적으로 잘하는 편이다

한국인의 7.14퍼센트가 태국인은 자발적으로 일을 한다고 답했으며, 태국인의 57.01퍼센트는 한국인이 자발적으로 일한다고 답했다. 한국인이 훨씬 더 자발적으로 일하는 것으로 나타났다.

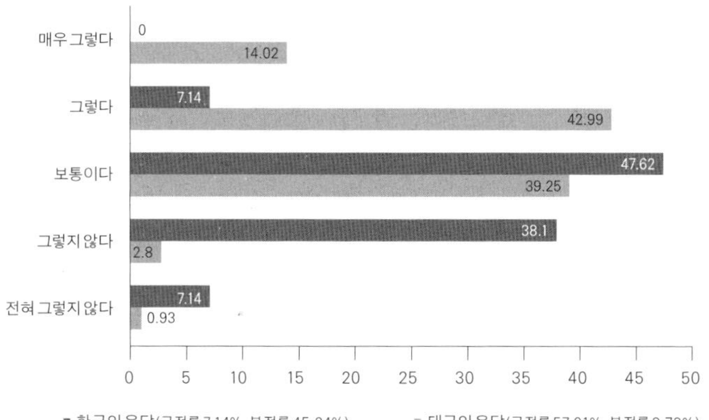

### 3. 태국(한국) 직원들은 팀워크가 좋다

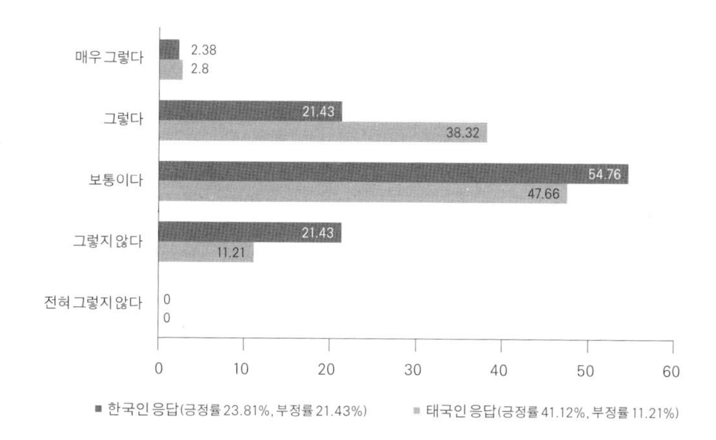


한국인의 23.81퍼센트는 태국인의 팀워크가 좋다고 답했으며, 태국인의 41.12퍼센트는 한국인의 팀워크가 좋다고 답했다. 한국인의 팀워크가 태국인보다 더 좋은 것으로 나타났다.

### 4. 태국(한국) 직원들은 눈치가 빠르다

한국인의 29.27퍼센트는 태국인의 눈치가 빠르다고 답했으며, 태국인의 48.59퍼센트는 한국인의 눈치가 빠르다고 답했다. 태국인의 눈치가 한국인보다 빠르지 않은 것으로 나타났다.

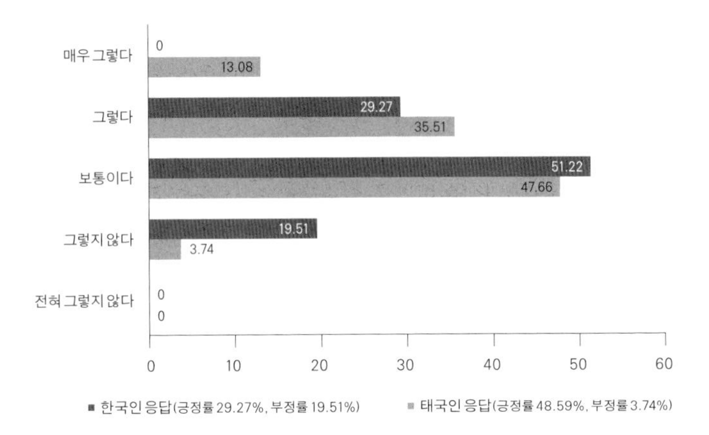


## 5. 태국(한국) 직원들은 업무를 느긋하게 처리한다

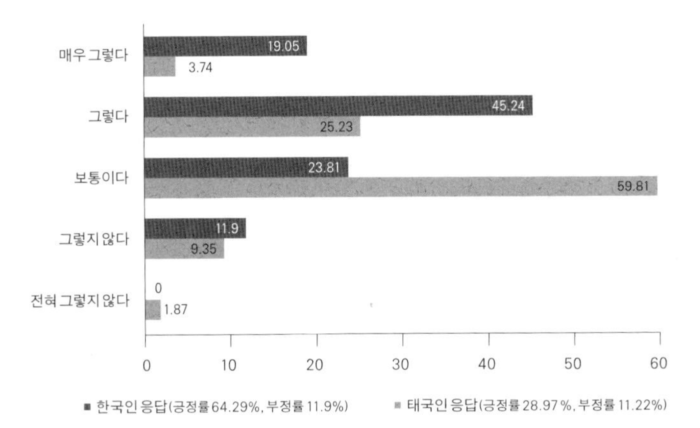


한국인의 64.29퍼센트는 태국인이 업무를 느긋하게 처리한다고

답했으며, 태국인의 28.97퍼센트는 한국인이 그러하다고 답했다. 태국인은 한국인보다 더 업무를 느긋하게 처리하는 것으로 나타났다.

### 6. 태국(한국) 직원들은 업무 의욕이 강하다

한국인의 4.76퍼센트만이 태국인의 업무 의욕이 강하다고 답했으며, 태국인의 49.53퍼센트는 한국인의 업무 의욕이 강하다고 답했다. 한국인은 태국인보다 훨씬 더 업무 의욕이 강한 것으로 나타났다.

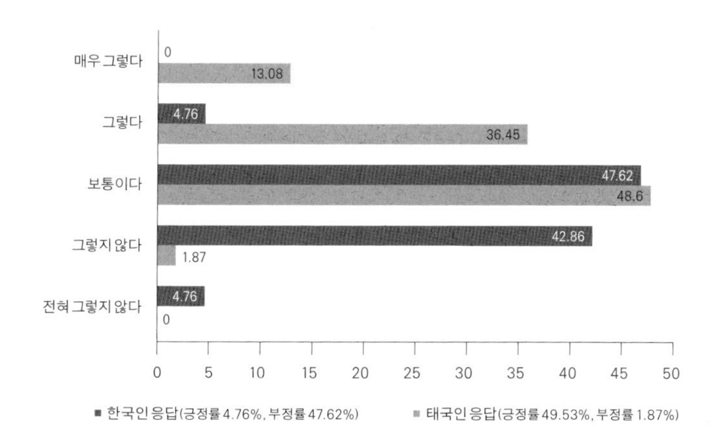

7. 태국(한국) 직원들은 계획성 있게 일한다

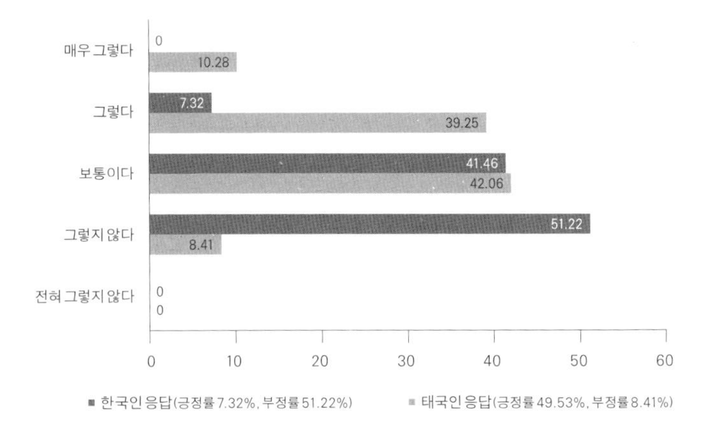


한국인의 7.32퍼센트만 태국인이 계획성 있게 일을 한다고 답했으며, 태국인의 49.53퍼센트가 한국인은 계획성 있게 일을 한다고 답했다. 한국인이 태국인보다 훨씬 더 계획성 있게 일하는 것으로 나타났다.

8. 태국(한국) 직원들은 경쟁보다는 협력을 선호한다

한국인의 52.38퍼센트는 태국인이 경쟁보다 협력을 선호한다고 답했으며, 태국인의 46.22퍼센트가 한국인은 경쟁보다 협력을 선호한다고 답했다. 태국인이 약간 그런 경향이 더 있는 것으로 나타났다.

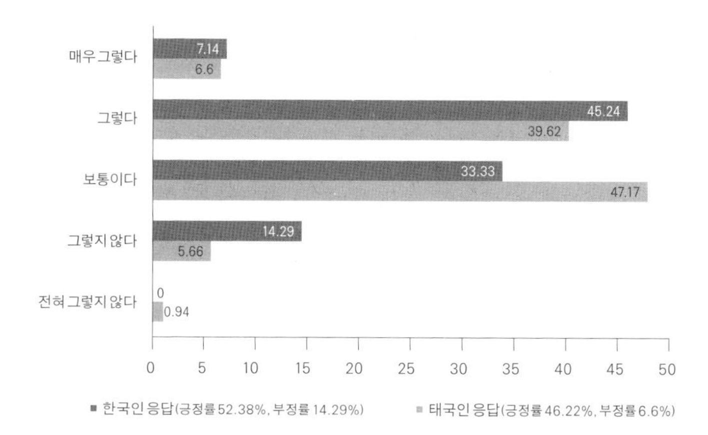


## [ 조직 구성원의 소통방식 ]

### 1. 태국(한국) 직원들은 회의할 때 자기주장이 강하다

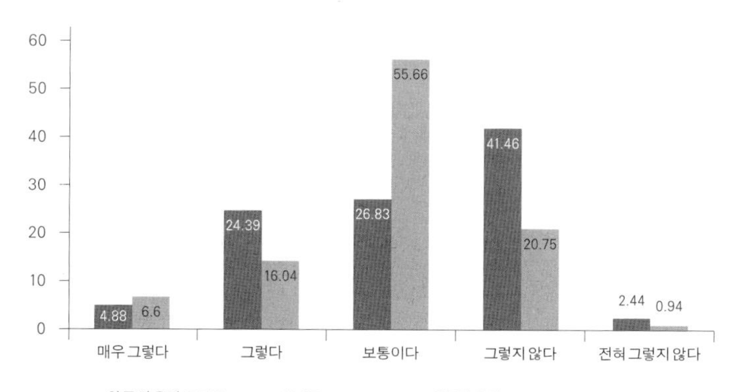

태국인의 22.64퍼센트는 한국인은 회의할 때 자기주장이 강하다고 답했으며, 한국인의 29.27퍼센트는 태국인의 주장이 강하다고 답했다. 하지만 한국인의 43.9퍼센트는 그렇지 않다고 답했으며, 태국인의 21.69퍼센트가 그렇지 않다고 답했다. 태국인이 한국인보다 자기주장이 강하지 않은 것으로 나타났다.

### 2. 태국(한국) 직원들은 동료의 부탁을 잘 들어준다

태국인의 44.34퍼센트는 한국인이 동료 부탁을 잘 들어준다고 답했으며, 한국인의 45.24퍼센트는 태국인이 동료 부탁을 잘 들어준다고 답했다. 태국인, 한국인 모두 비슷한 경향을 보이는 것으로 나타났다.

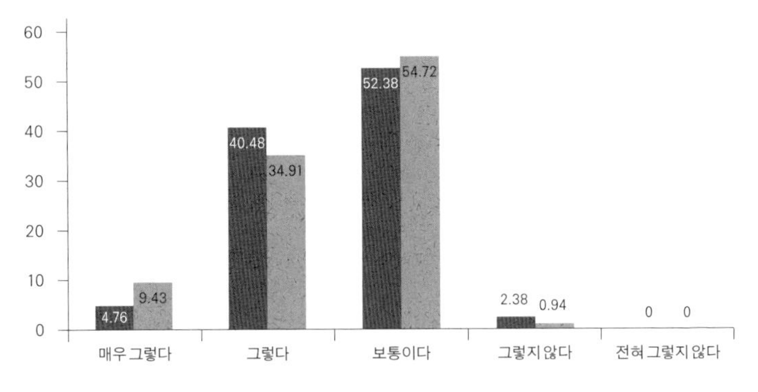

### 3. 태국(한국) 직원들은 간접적인 소통방식을 선호한다

태국인의 12.26퍼센트는 한국인은 간접 소통방식을 선호한다고 답했으며, 한국인의 57.14퍼센트는 태국인이 간접 소통방식을 선호한다고 답했다. 태국인이 한국인보다 훨씬 더 간접 소통방식을 선호하는 경향이 강한 것으로 나타났다.

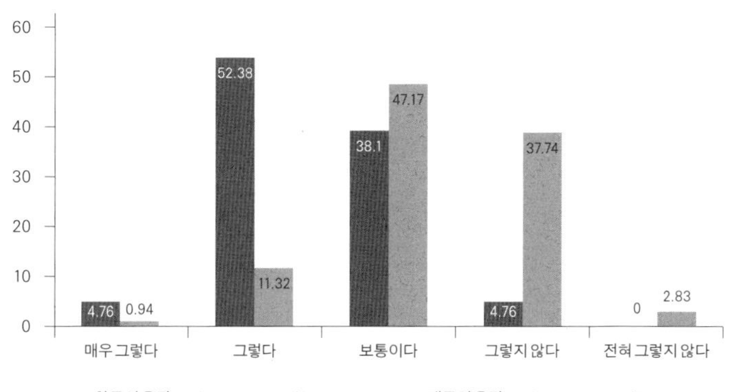


### 4. 태국(한국) 직원들은 자존심이 강하다

태국인의 52.83퍼센트는 한국인의 자존심이 강하다고 답했으며, 한국인의 85.37퍼센트는 태국인의 자존심이 강하다고 답했다. 태국인의 자존심이 더 강한 것으로 나타났다.

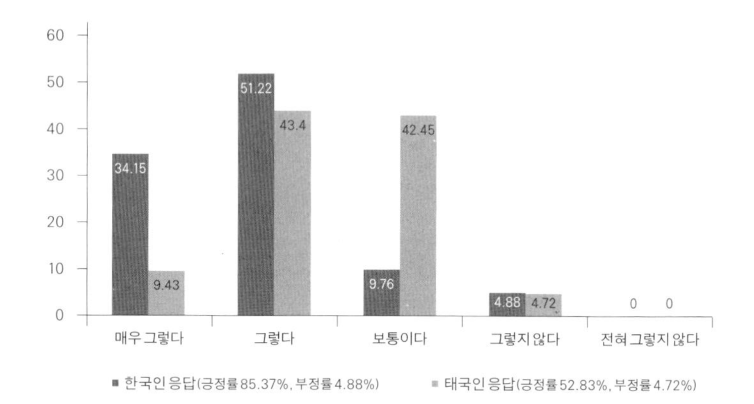


5. 태국(한국) 직원들은 말보다는 문서로 남기기를 선호한다

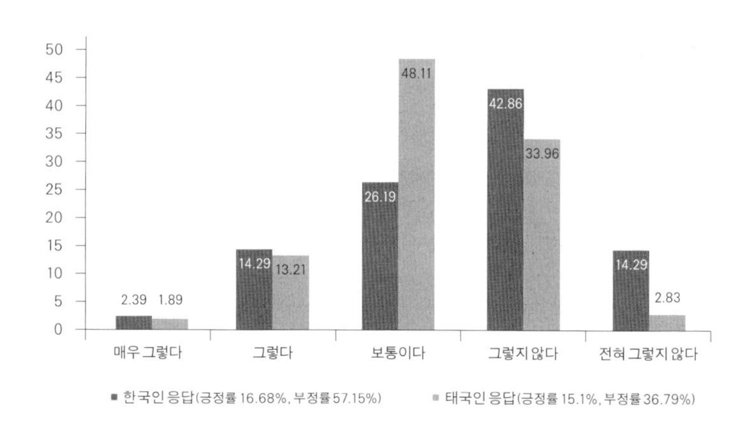


태국인의 15.1퍼센트는 한국인이 말보다 문서 남기기를 선호한다고 답했으며, 한국인의 16.68퍼센트는 태국인이 그러하다고 답했다. 하

지만 한국인의 57.15퍼센트가 태국인은 말보다 문서 남기기를 선호하지 않는다고 답했으며, 태국인의 36.79퍼센트가 그렇다고 답했다. 태국인은 한국인에 비해 말보다 문서 남기기를 더 선호하지 않는 것으로 나타났다.

### [ 조직에서의 위계질서 ]

#### 1. 태국(한국) 직원들은 한국인(태국인) 상사의 지시에 순응한다

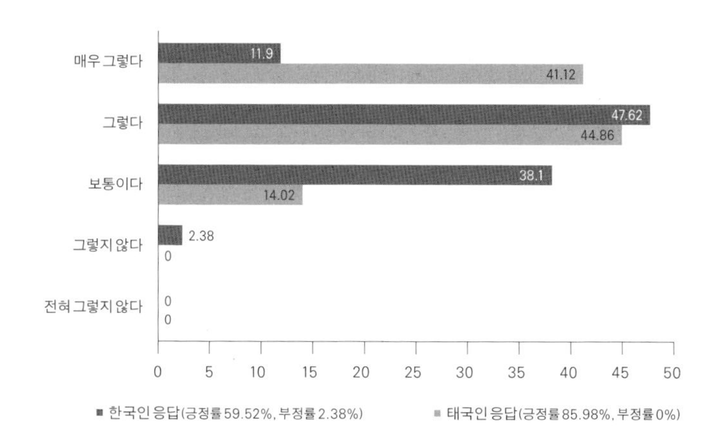


한국인의 59.92퍼센트는 태국인이 한국인 상사의 지시에 순응한다고 답했으며, 태국인의 85.98퍼센트는 한국인이 태국인 상사의 지시에 순응한다고 답했다. 한국인이 태국인 상사 지시에 더 순응하

는 것으로 나타났다. 하지만 이 문항을 태국인들은 "한국 직원들은 한국인 상사의 지시에 순응한다"는 문항으로 오해하여 답을 했을 개연성도 있다.

2. 태국(한국) 직원들은 상명하달식 의사결정 방식을 선호한다

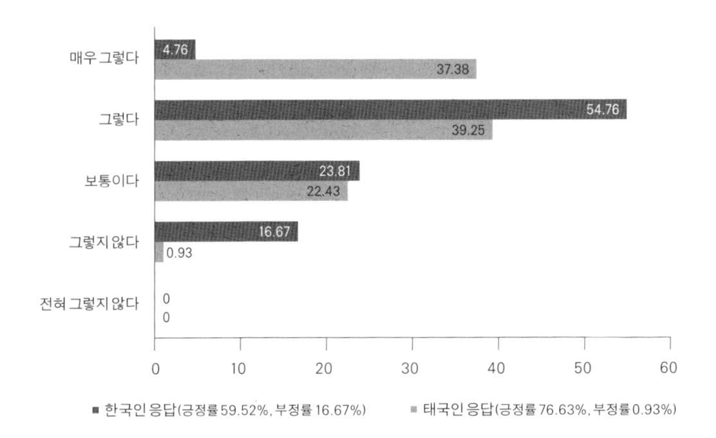


한국인의 59.52퍼센트는 태국인이 상명하달식 의사결정 방식을 선호한다고 답했으며, 태국인의 76.63퍼센트는 한국인이 상명하달식 의사결정 방식을 선호한다고 답했다. 한국인이 태국인보다 상명하달식 의사결정 방식을 선호하는 것으로 나타났다.

3. 태국(한국) 직원들은 직급이 나이에 우선한다

한국인 50퍼센트는 태국인은 직급이 나이에 우선한다고 답했으며, 태국인 57.01퍼센트는 한국인이 그러하다고 답했다. 하지만 한국인 23.81퍼센트는 태국인은 직급이 나이에 우선하지 않는다고 답했으며, 태국인 8.41퍼센트가 한국인이 그러하다고 답했다. 태국인이 한국인보다 직급이 나이에 우선하지 않는 경향이 더 나타났다.

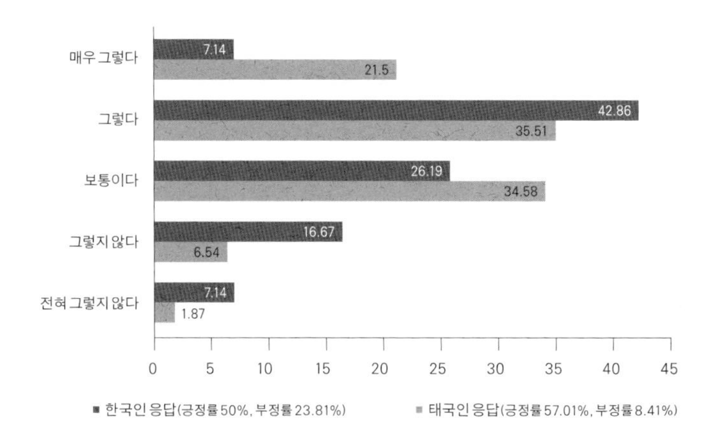


4. 태국(한국) 직원들은 회사 내에서의 관계가 회사 밖에서도 유지된다

한국인의 43.9퍼센트는 태국인의 회사 내 관계가 회사 밖에서도 유지된다고 답했으며, 태국인의 63.55퍼센트는 한국인이 그러하다고 답

했다. 하지만 한국인의 26.83퍼센트는 태국인의 회사 내 관계가 회사 밖에서 유지되지 않는다고 답했으며, 태국인의 0.93퍼센트만 그러하다고 답했다. 한국인은 태국인의 회사 내 관계가 회사 밖에서도 유지된다고 보면서도 그렇지 않다는 견해도 동시에 갖고 있다.

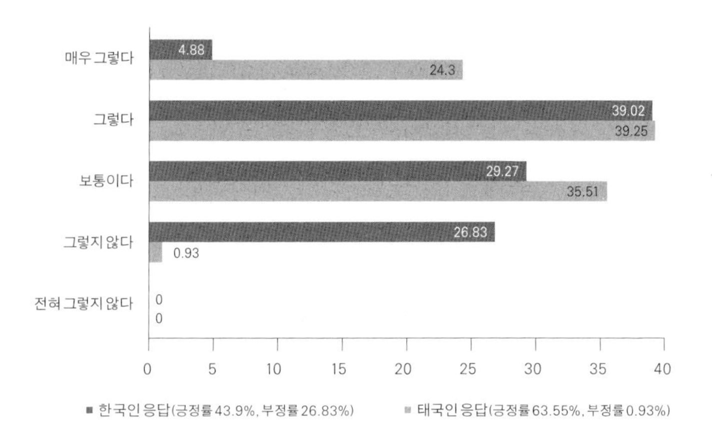


**[ 조직에서의 공동체 의식 ]**

**1. 태국(한국) 직원들은 일보다 비공식적 인간관계를 더 중요시한다**

태국인의 28.98퍼센트는 한국인이 일보다 비공식적 인간관계를 중요시한다고 답했으며, 한국인의 53.66퍼센트가 태국인이 비공식적 관계를 중요시한다고 답했다. 태국인이 한국인에 비해 일보다는 비공식적 관계를 더 중요시하는 것으로 나타났다.

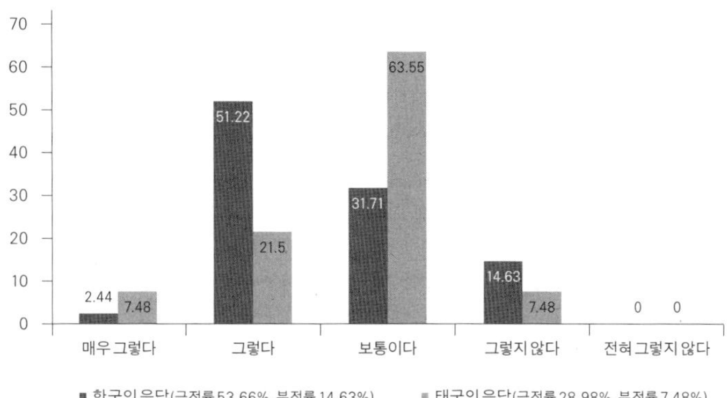


2. 태국(한국) 직원들은 가정보다 회사 업무를 우선시한다

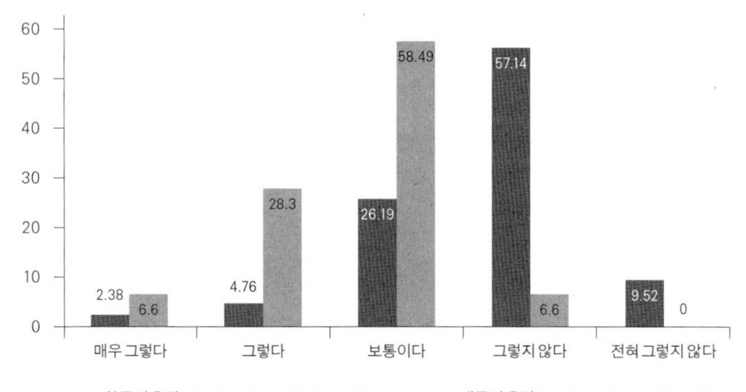

태국인의 34.9퍼센트는 한국인이 가정보다 회사 업무를 우선시한다고 답했으며, 한국인의 7.14퍼센트만이 태국인들이 그러하다고 답했다. 한국인들이 가정보다 회사 업무를 더 우선시하는 것으로 나타났다.

3. 태국(한국) 직원들은 동료의 애경사에 꼭 참석한다

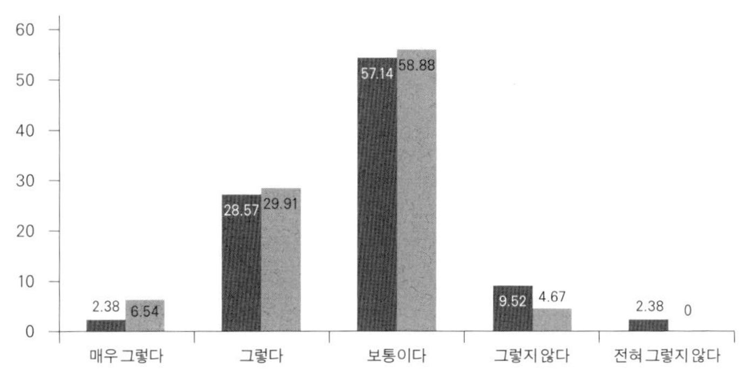


태국인 36.45퍼센트가 한국인은 동료 애경사에 꼭 참석한다고 답했으며, 한국인 30.95퍼센트가 태국인이 그러하다고 답했다. 큰 차이가 없는 것으로 나타났다.

4. 태국(한국) 직원들은 회식에 잘 참석하는 편이다

태국인 42.99퍼센트는 한국인이 회식에 잘 참석하는 편이라고 답했으며, 한국인 59.52퍼센트가 태국인이 그러하다고 답했다. 태국인이 한국인보다 회식에 더 잘 참석하는 것으로 나타났다.

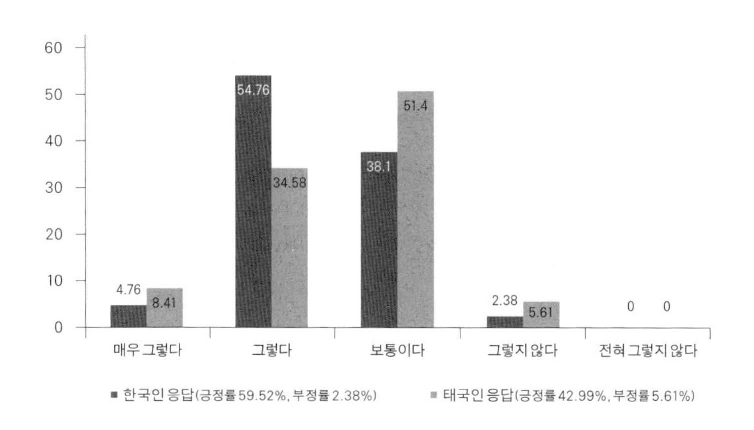


[ 조직 구성원의 직업관 ]

1. 태국(한국) 직원들은 연공서열보다 능력에 따른 대우를 선호한다

한국인 26.19퍼센트는 태국인이 연공서열보다 능력에 따른 대우를

선호한다고 답했으며, 태국인 44.86퍼센트는 한국인이 그러하다고 답했다. 하지만 한국인 30.95퍼센트는 태국인이 연공서열보다 능력에 따른 대우를 선호하지 않는다고 답했으며, 태국인 13.08퍼센트는 한국인이 그러하다고 답했다. 양국의 차이가 잘 나타나지 않았다.

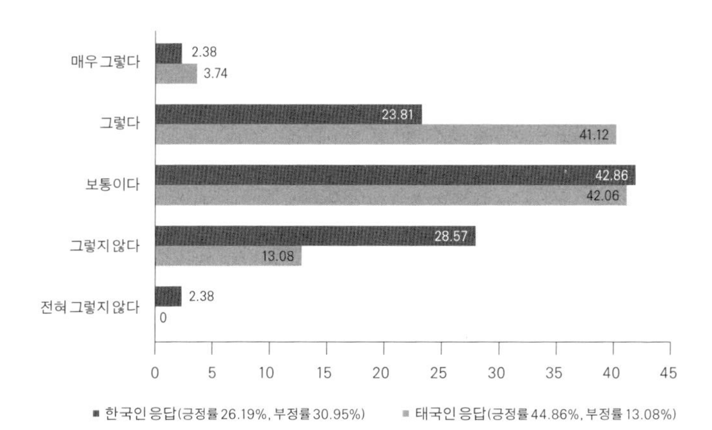


### 2. 태국(한국) 직원들은 업무에 대한 준비가 잘되어 있다

한국인 4.76퍼센트는 태국인이 업무 준비가 잘되어 있다고 답했으며, 태국인 42.99퍼센트는 한국인이 그러하다고 답했다. 한국인이 태국인보다 훨씬 더 업무 준비가 잘되어 있는 것으로 나타났다.

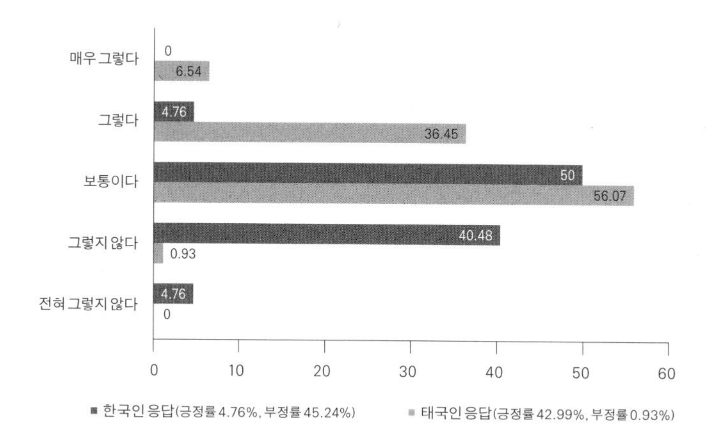


### 3. 태국(한국) 직원들이 직업 선택에 있어 가장 중요한 요소는 돈이다

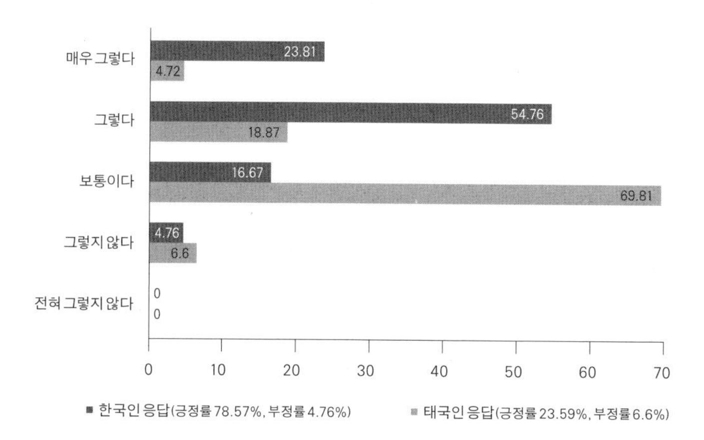

한국인 78.57퍼센트는 태국인의 직업 선택에 있어 돈이 가장 중요하다고 답했으며, 태국인 23.59퍼센트는 한국인이 그러하다고 답했다. 태국인이 한국인보다 훨씬 더 직업 선택에 있어서 돈을 중시하는 것으로 나타났다.

#### 4. 태국(한국) 직원들은 이직률이 높다

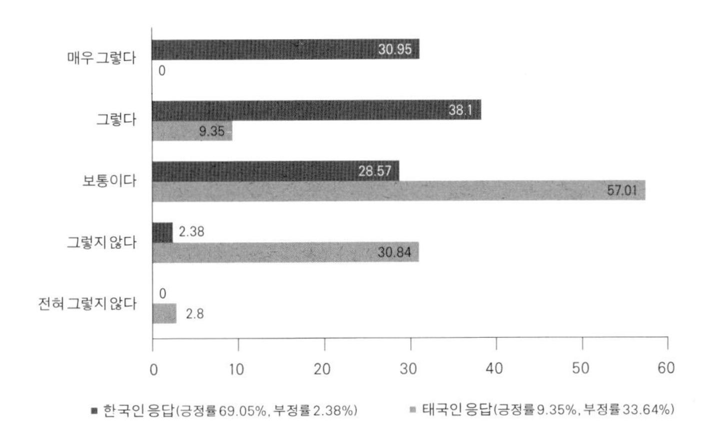


한국인의 69.05퍼센트는 태국인의 이직률이 높다고 답했으며, 태국인의 9.35퍼센트는 한국인의 이직률이 높다고 답했다. 태국인의 이직률이 훨씬 더 높은 것으로 나타났다.

## 응답자 기본 사항

### [ 개인 사항 ]

#### 1. 성별

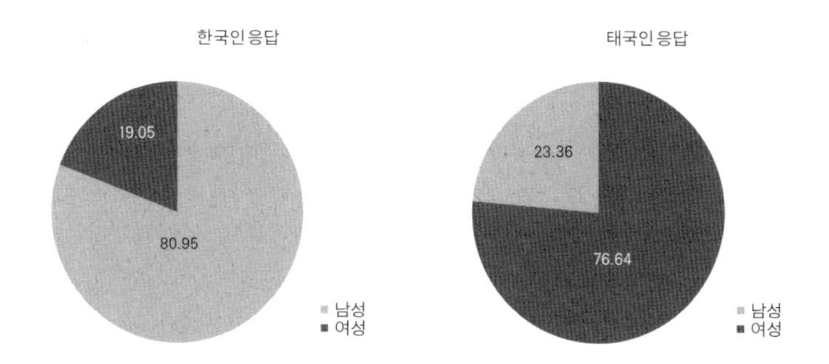


한국인 남성 응답률은 80.95퍼센트, 여성 응답률은 19.05퍼센트이다. 태국인 남성 응답률은 23.36퍼센트, 여성 응답률은 76.64퍼센트이다. 한국인은 남성 응답률이 훨씬 많았으며, 태국인은 여성 응답률이 훨씬 더 많았다.

#### 2. 연령

태국인 응답자는 연령별로 30대가 가장 많고, 20대, 40대순이었다.

한국인 응답자는 30대가 가장 많고 그다음으로 40대이며, 50대와 20대가 같은 비율로 많았다.

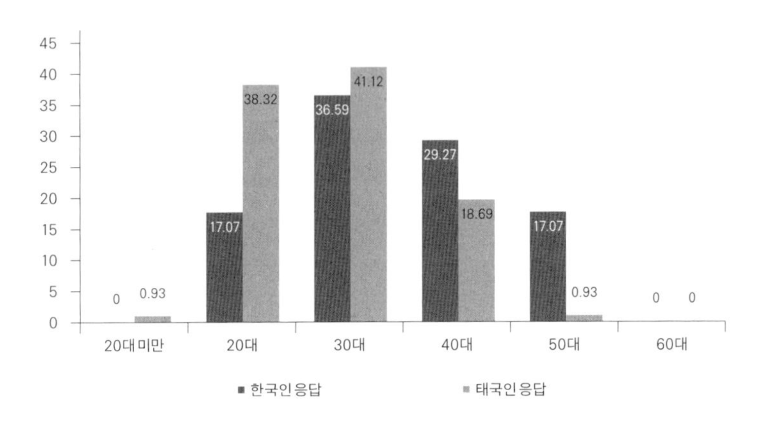


### 3. 최종 학력

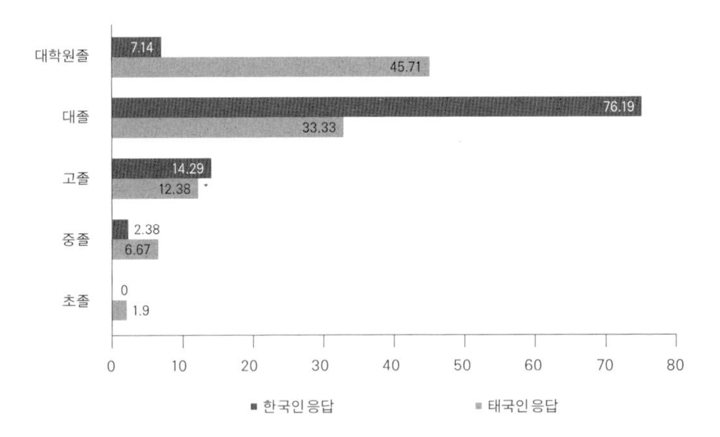

한국인의 최종 학력은 대졸이 가장 많고 고졸, 대학원 순이었다. 태국인의 최종 학력은 대학원 졸이 가장 많고 그다음이 대졸과 고졸 순이다. 특이한 것은 태국인의 최종 학력이 상당히 높은 것으로 나타난 사실이다. 합리적인 의심을 가져볼 부분이다.

**[ 근무 사항 ]**

1. 업종

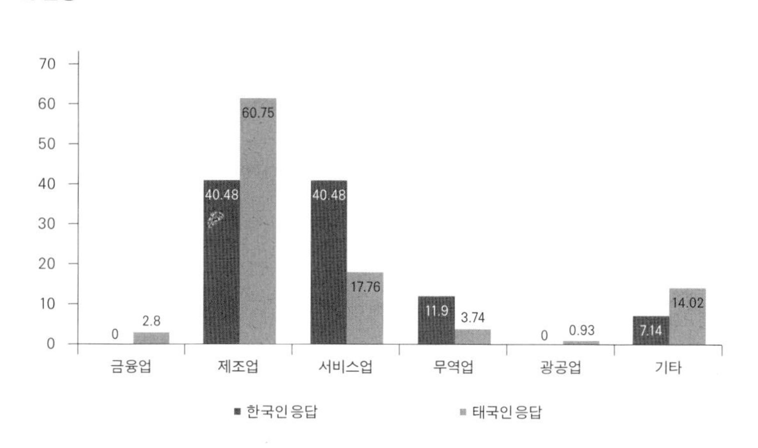


태국인이 종사하는 업종은 제조업, 서비스업, 기타, 무역업 순이다. 한국인이 종사하는 업종은 제조업과 서비스업이 같은 비율이고 무역업, 기타 순이다.

## 2. 업무

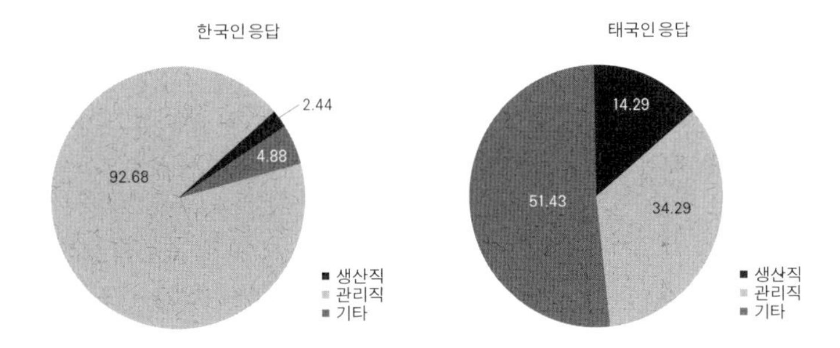


한국인의 업무는 관리직이 가장 많았으며, 태국인은 기타가 가장 많고 그다음이 관리직, 생산직 순이었다.

## 3. 회사 규모

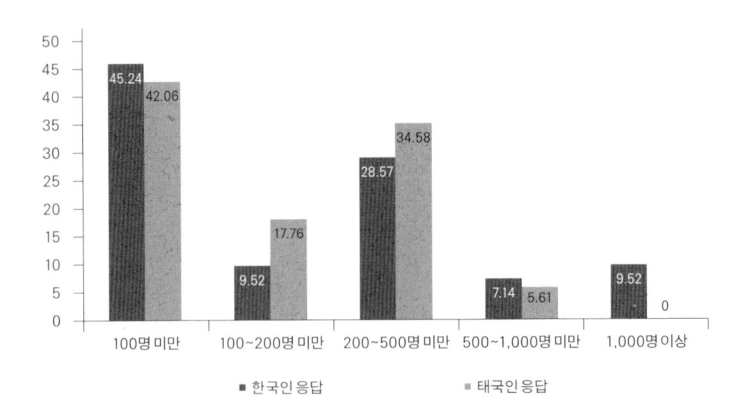

태국인이 근무하는 회사 규모는 100명 미만이 가장 많고, 그다음이 200~500명 미만, 100~200명 미만 순이다. 한국인은 100명 미만이 가장 많고, 그다음이 200~500명 미만, 100~200명 미만과 1,000명 이상이 같은 비율이다.

**4. 현지 근무 기간**

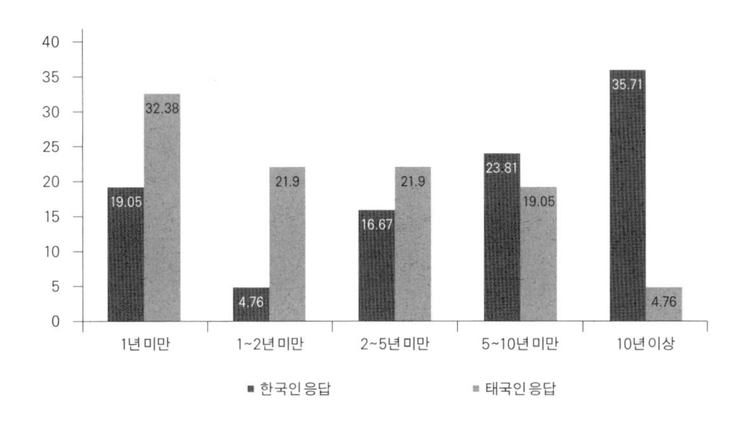


태국인 근무 기간은 1년 미만이 가장 많고, 1~2년 미만과 2~5년 미만이 같은 비율이며, 5~10년 순이었다. 한국인 근무 기간은 10년 이상이 가장 많고 5~10년 미만, 1년 미만, 2~5년 미만 순이다.

| 부록 3 |

# 이민 및 비자 규정

## 1. 관련 법령

이민 및 비자에 대해서는 출입국관리법에 규정되어 있고 외국인의 취업은 외국인고용법이 외국인이 취업할 수 없는 직종과 외국인이 취업할 경우 절차와 의무 등과 함께 규정하고 있다.

태국은 다른 국가와는 달리 비자 및 고용허가 제도를 별도로 운영하기 때문에 필요한 절차를 마치는 데 많은 시간이 소요되며, 고용허가 취득 및 갱신을 위해 보통 2~3회 이민국을 방문해야 하는 어려움을 겪어야 한다.

## 2. 주요 내용

### 1) 비자 종류

① 관광 ② 방문자 통과 ③ 이민 ④ 비할당 이민 ⑤ 비이민 등의 비자가 있다. 관광 비자는 처음 60일간 유효하며 갱신은 일반적으로 한 번에 최대 30일까지 가능하다. 태국대사관 또는 영사관에서 통과 비자를 취득한 외국인은 태국 내에 30일간 체류가 허용되면 체류 기간 연장은 보통 7~10일간 가능하다.

우리나라와 태국 간에는 비자면제협정에 따라 90일 간의 체류가 허용되어 있다. 여행자는 질병 등 특별한 사유가 없는 한 반드시 90일 이내에 출국하여야 하며 체류 연장을 위해서는 무비자 입국 후 3개월 이내에 태국 이민국에서 체류 연장 허가를 받아야 한다.

상사 주재, 투자 진출 주재, 현지 취업 등을 목적으로 하는 태국 입국 시에는 입국 전에 주한 태국대사관에서 본인과 가족의 비이민Non-Immigrant 비자(Type B: 90일 체류, B-A: 1년 체류, BOI-IB: 2년 체류)를 취득하여야 한다.

비이민 비자는 입국 후 90일까지 유효하며, 단 한 번 30일까지 연장이 가능하다. 비이민 비자에 적혀 있는 기간은 이 비자를 사용하여 입국할 수 있는 비자 사용 기간을 의미하는 것이지, 태국 내 체류 허용 기간을 의미하는 것은 아님을 주의해야 한다. 비이민 사증의 연장 기간은 통상 1년, 최장 2년(투자 진출의 경우)이며, 외국인에게 공히 적용된다.

비이민 비자(B 또는 O 타입)를 갖고 있는 사람이 태국을 출국할 때는 출국 기간에 관계없이 출국하는 날 비자의 유효기간이 끝난 것으로 간주된다. 이 경우에는 한국이나 인근 국가의 태국대사관에서 다시 비이민 비자를 받아야 한다. 이를 막기 위해서는 사전에 반드시 리엔트리 퍼미트Re-entry permit를 받아야 한다. 이민국과 공항에서 받을 수 있다.

기본 발급 수수료는 1,000밧, 복수Multi는 3,800밧, 1년간의 비자 연장 수수료는 1,900밧이다.

* 주의: 통과 및 관광 비자 소유자는 태국 내에서 근로하도록 승인되지 않는다.

• 주의사항

관광, 일반 방문, 회의 참석 또는 비영리 등의 목적으로 태국 입국 시, 한·태 사증 면제 협정(1981)에 의해 별도의 비자 없이 공항에서 부여하는 비자Visa on arrival로 최대 90일간 태국 체류가 가능하다.

그러나 기술지도(세미나식 기술지도 포함), 공장 견학, 영리 등의 목적으로 태국에 입국하고자 하는 출장자들은 태국 체류 기간이 1일, 2일 정도의 단기 출장이더라도 태국 법에 따라 주한 태국대사관에서 발급하는 비즈니스 비자Non-immigrant를 필히 취득하여야 한다.

최근 출장자들이 태국 상용비자를 취득하지 않고 태국 내 공장에서 기계 설비 관련 작업을 도와주다 태국 경찰에 불법취업으로 체포되는 사례가 발생하고 있으므로 태국을 방문하는 출장자들은 사전에 서울의

주한 태국대사관에서 적법한 태국 체류 비자를 취득하여야 함을 유의하여야 한다.

### 2) 영주권 제도

영주권Certificate of Residence 신청 자격은 적법한 절차에 따라 정상적으로 태국에 3년 이상 연속적으로 거주하고 있는 외국인이다. 매년 내무부에서 공고를 하는데 공고일은 매년 상이하며, 공고일로부터 연말까지 신청할 수 있다. 각 국적별로 매해 100명을 넘지 않는 범위 내에서 영주권을 부여하며 신청자의 수입, 재산, 학력, 기술, 태국과의 관계 및 국가안보 등을 고려, 허용한다.

영주권은 내무부 차관보가 위원장인 이민심사위원회의 심사를 거쳐 최종적으로 내무부 장관이 결정한다.

태국의 영주권은 ① 출국 및 재입국 허가를 받지 않고 출국한 경우 및 입국 허가 기간(1년)을 위반한 경우 ② 태국법을 심각하게 위반한 경우 ③ 사회불안, 공공의 평화 및 안정, 윤락행위, 마약 거래, 미풍양속을 해치는 경우 효력을 상실하며 영주권을 상실하더라도 최초 신청 때와 같이 이민심사위원회의 결정이 있는 경우 재취득할 수 있다.

영주권을 유지하기 위한 연간 최소 거주일수 규정은 없으며, 여행 허가 기간 1년 내에 귀국하여 다시 1년간의 여행허가를 받아 해외에 체류할 수 있어서, 여행허가 갱신을 위해 1년에 한 번씩 태국을 방문한다면 사실상 해외에 장기 체류하면서 영주권을 유지할 수 있다.

태국 영주권 소지자가 국외여행을 하기 위해서는 이민국의 여행허가를 사전에 득하여야 하며, 이 경우 이민국은 1년간 유효한 여행허가를 내주는데(여행 횟수는 상관없음), 영주권을 유지하기 위해서는 허가 기간 만료 이전에 귀국하여야 하며 동기간 내 귀국하지 않을 경우 영주권은 자동으로 취소된다.

영주권 소지자는 비자 연장 없이 태국에 머무를 수 있으나, 일을 하기 위해서는 별도로 노동허가증을 신청해야 하고, 토지 구입도 불가능하다.

## 영주권 신청 시 필요 서류

| | |
|---|---|
| a) 영업 목적 입국자 | 1) 신청서(TM9)<br>2) 신청인의 이력서<br>3) 신청인의 건강진단서<br>4) 신원증명서<br>5) 결혼증명서, 출생증명서(동반가족이 신청 시 대사관 공증 필)<br>6) 신청인의 학력증명서<br>7) 신청인의 재직증명서<br>8) 노동허가증 사본<br>9) 신청인의 3년간 소득세 신고서 및 영수증<br>10) 신청인의 1년간 월급증명서(양식 PorBgorDor91)<br>11) 신청인의 사업자등록증, 유한회사 혹은 상업등록서<br>12) 자산 보유증명서<br>13) 신청인 회사의 세금증명서<br>14) 주주 명단<br>15) 회사의 연간 재무상태표<br>16) 신청인의 집·회사 위치 지도<br>17) 수출업체는 3년간 은행거래 기록 등 수출 거래 관련 증빙서류<br>18) 여행업체는 동 여행업계가 연간 태국으로 들여오는 관광객 수에 대한 증빙자료<br>19) 신청인의 3년간 여권 기록 사본<br><br>주의 1 모든 서류에는 신청인의 사인이 있어야 함<br>주의 2 모든 서류는 태국어로 작성되어야 함 |
| b) 수출업자/유학생 | 1) 신청서(TM9)<br>2) 신청인의 이력서<br>3) 신청인의 건강진단서<br>4) 신원증명서<br>5) 결혼증명서, 출생증명서(동반가족이 신청 시 대사관 공증 필)<br>6) 신청인의 학력증명서<br>7) 재직증명서<br>8) 노동허가증 사본<br>9) 신청인의 3년간 소득세 신고서 및 영수증<br>10) 국가기관으로부터의 추천서<br>11) 신청인의 3년간 여권 기록 사본<br><br>주의 1 모든 서류에는 신청인의 사인이 있어야 함<br>주의 2 모든 서류는 태국어로 작성되어야 함 |

| | |
|---|---|
| c) 투자자 | 1) 신청서(TM9)<br>2) 신청인의 이력서<br>3) 신청인의 건강진단서<br>4) 신원증명서<br>5) 결혼증명서, 출생증명서(동반가족이 신청 시 대사관 공증 필)<br>6) 은행 송금 증명서<br>7) 사업자등록증<br>8) 신청인 회사의 세금증명서<br>9) 주주 명단<br>10) 회사의 연간 재무상태표<br>11) 신청인의 3년간 여권 기록 사본<br><br>주의 1 모든 서류에는 신청인의 사인이 있어야 함<br>주의 2 모든 서류는 태국어로 작성되어야 함<br>주의 3 신청인은 월급이 5만 밧 이상이어야 함<br>주의 4 신청인은 1년 이상 회사 대표이사이어야 함<br>주의 5 신청인은 회사의 500만 밧 상당의 주식을 보유해야 함 |
| d) 부인 또는 자녀가 태국인인 경우 | 1) 신청서(TM9)<br>2) 신청인의 이력서<br>3) 신청인의 건강진단서<br>4) 신원증명서<br>5) 결혼증명서, 출생증명서(동반가족이 신청 시 대사관 공증 필)<br>6) 부인 또는 자녀의 주민등록증, 호적등본 사본<br>7) 재직증명서<br>8) 노동허가증 사본<br>9) 신청인의 3년간 소득세 신고서 및 영수증<br>10) 신청인의 1년간 봉급증명서(양식 PorBgorDor91)<br>11) 신청인의 사업자등록증, 유한회사 혹은 상업등록서<br>12) 신청인 회사의 세금증명서<br>13) 주주 명단<br>14) 회사의 연간 재무상태표<br>15) 집·회사 위치 지도<br>16) 신청인의 3년간 여권 기록 사본<br><br>주의 1 모든 서류에는 신청인의 사인이 있어야 함<br>주의 2 모든 서류는 태국어로 작성되어야 함<br>주의 3 신청인은 결혼증명서가 있어야 함<br>주의 4 태국인 부인과의 사이에 자녀가 있어야 함<br>주의 5 신청인의 월급은 적어도 3만 밧 이상이어야 함 |

| | |
|---|---|
| e) 부 또는 남편이 태국인인 경우 | 1) 신청서(TM9)<br>2) 신청인의 이력서<br>3) 신청인의 건강진단서<br>4) 신원증명서<br>5) 결혼증명서, 출생증명서(동반가족이 신청 시 대사관 공증 필)<br>6) 부 또는 남편의 주민등록증, 호적등본 사본<br>7) 부 또는 남편의 재직증명서<br>8) 집·회사 위치 지도<br>9) 신청인의 3년간 소득세 신고서 및 영수증<br><br>**주의1** 모든 서류에는 신청인의 사인이 있어야 함<br>**주의2** 모든 서류는 태국어로 작성되어야 함 |
| f) 영주권을 취득한 자의 가족 | 1) 신청서(TM9)<br>2) 신청인의 이력서<br>3) 신청인의 건강진단서<br>4) 신원증명서<br>5) 결혼증명서, 출생증명서(동반가족이 신청 시 대사관 공증 필)<br>6) 영주권자의 영주권 사본<br>7) 영주권자의 노동허가증<br>8) 영주권자의 연간 소득세 신고서 및 영수증<br>9) 신청인의 1년간 봉급증명서(양식 PorBgorDor91)<br>10) 집·회사 위치 지도<br>11) 신청인의 3년간 여권 기록 사본<br><br>**주의1** 모든 서류에는 신청인의 사인이 있어야 함<br>**주의2** 모든 서류는 태국어로 작성되어야 함 |
| g) 정년퇴직자 | 1) 신청서(TM9)<br>2) 신청인의 이력서<br>3) 신청인의 건강진단서<br>4) 신원증명서<br>5) 결혼증명서, 출생증명서(동반가족이 신청 시 대사관 공증 필)<br>6) 신청인의 수입, 연금증명서<br>7) 집 위치 지도<br>8) 신청인의 3년간 여권 기록 사본<br><br>**주의1** 모든 서류에는 신청인의 사인이 있어야 함<br>**주의2** 모든 서류는 태국어로 작성되어야 함 |

### 3) 노동허가증

가) 외국인의 태국 내 고용 관련 사항은 외국인고용법에 규정되어 있다. 태국에 주재하는 외국 지상사 주재원, 태국에서 수익이 발생하는 직종에 종사하는 외국인은 노동허가증을 발급받아야 하며, 다음 직종에 종사하는 사람은 노동허가증이 면제된다(동법 제4조).

① 외교관 단원
② 영사파견단 단원
③ 국제연맹 및 특정 단체의 회원국 대표 및 임원
④ 상기 항목에 등재된 개인을 위한 배타적 업무를 위해 해외에서 파견된 개인 수행원
⑤ 태국 정부와 외국 정부 또는 국제단체와의 협약에 따라 태국에서 임무를 수행하는 사람
⑥ 교육, 문화, 예술, 또는 스포츠 이익을 위한 임무 수행을 위해 태국에 입국한 사람
⑦ 태국 정부에 의해 입국 및 임무 수행을 특별히 허가받은 사람

나) 200만 밧 이상의 자본금이 송금된 경우 매 200만 밧당 1명에게 노동허가증을 발급한다. 이 경우 노동허가를 취득한 외국인 1인당 태국인 4명을 의무고용하도록 한다. 고용허가는 1년간 유효하며, 매년 갱신하여야 한다.

노동허가증을 발급받기 위해서는 태국 내 회사에 고용되어야 하며, 4만 5,000밧 이상의 월급을 받아야 한다. 이보다 월급이 낮아도 개인소득세는 이를 기초하여 부과된다.

다) 외국인은 노동허가증이 발급될 때까지 업무를 시작할 수 없으나, 다음과 같은 특별한 경우에는 업무를 시작할 수 있다.

- 긴급하고 필수적인 업무Urgent and Essential Work

근로허가 요건의 면제는 일시적으로, 그러나 출입국관리법에 따라 15일을 넘지 않는 기간 동안 '긴급 및 필수적인 성격'의 업무를 수행하기 위해 태국에 입국하는 외국인에게 수여된다. 그러나 본인이 서명하고, 고용주에 의해 승인된 지정 양식이 제출되었으며 해당 청장 또는 대리인에 의해 접수되었다는 서면 통지 이후에만 근로를 시작할 수 있다.

이러한 처우를 받을 자격이 있는 외국인은 통과비자transit visa를 포함하여, 어떤 종류의 비자로도 태국에 입국할 수 있다. '긴급하고 필수적인 업무'라는 용어는 명확하게 정의되지 않으며, 결과적으로 이러한 종류의 면제 발급은 행정적 재량권의 문제이다.

- 투자 촉진Investment Promotion

투자진흥법에 따라 태국에서 근로허가를 받고자 하는 외국인은 그 지위가 승인되었다는 BOI의 통지로부터 30일 이내에 근로허가를 위한 신청서를 제출해야 한다. 이 카테고리의 외국인은 신청이 진행되는 동안 승인된 업무에 참여할 수 있다.

### 노동허가증 신청 시 필요 서류

a) 비영주권자: 비이민 비자를 포함하는 유효한 여권(WP3 신청 시 제외)

b) 영주권자: 유효한 여권, 거주 허가증(residence permit) 및 외국인 신분증(foreigner book)(WP3 신청 시 제외)

c) 신청자의 교육 자격 증명서 및 신청자의 과거 지위, 업무, 성과 및 지위와 고용 기간을 기술하는 전 고용주의 추천서. 서류가 영어 이외의 언어인 경우 태국대사관(해외인 경우) 또는 외무부(태국인 경우)의 영사인증 마친 번역본이 반드시 첨부되어야 함.

d) 신청자가 정신질환이 없으며, 나병(leprosy), 급성 결핵, 상피병(elephantiasis), 마약 중독 또는 상습적인 알코올 중독 등을 앓고 있지 않다는 것을 증명하는 태국의 일급 면허를 가진 내과의사로부터 발급된 최근의 진단서(WP7 신청 시 제외)

e) 신청 접수 6개월 이내 촬영된, 모자를 쓰지 않고 얼굴 전체가 나온 5x6cm 컬러 또는 흑백 사진 3장

f) 신청이 다른 사람에 의해 접수되는 경우, 반드시 지정된 양식의 위임장을 10밧의 인지세와 함께 첨부

g) 신청하는 직업이 특정 법률에 따른 면허 대상인 경우, 그러한 증명서의 복사본(예를 들어 교사 자격증, 의사 면허증, 수상청 산하 홍보국(Public Relations Department)에서 발급받은 기자증, 문화부 산하 종교국(Religious Affairs Department)에서 발급받은 선교사 신분 확인서 등을 첨부)

h) 신청자가 태국 국민과 결혼한 경우 결혼 확인증(Marriage certificate), 배우자의 신분증, 자녀의 출생 확인서, 가족등록서 및 신청자 여권의 모든 페이지의 사본

i) 요청되는 부가 증명. 어떤 또는 모든 서류의 태국어 번역이 필요할 수 있다. 신청서 양식에서 '직업 설명' 기입은 수행하려고 하는 직업이 무엇이고, 다른 사람들과 어떤 관련이 있으며, 업무에 어떤 재료가 사용되는지를 상세히 기술하여야 함(필요한 경우 별지 사용). 근무 장소가 방콕 내에 있지 않은 경우, 신청서는 해당 지방의 고용국(Department of Employment) 또는 해당 사무소가 없는 경우 지방의 시청에 접수한다.

노동허가증 수수료

| | |
|---|---|
| (1) An application form | 100 Baht/form |
| (2) A Work Permit<br>a) valid for not exceed 3 months<br>b) valid for 3–6 months<br>c) valid for 6 months–1 year | <br>750 Baht/book<br>1,500 Baht/book<br>3,000 Baht/book |
| (3) A Work Permit renewal / a working period extension<br>a) renewal/extension for not exceed 3 months<br>b) renewal/extension for 3–6 months<br>c) renewal/extension for 6 months–1 year | <br>750 Baht/book<br>1,500 Baht/book<br>3,000 Baht/book |
| (4) Substitute of Work Permit | 500 Baht/book |
| (5) Permission to change or add job description | 1,000 Baht/time |
| (6) Permission to change or add employer | 3,000 Baht/time |
| (7) Permission to change or add the locality or workplace | 1,000 Baht/time |
| (8) Permission to change or add conditions | 150 Baht/time |

출처: Office of Foreign Workers Administration, Department of Employment, MOL

### 4) 외국인 취업 금지 업종

| 기존 | 개정 |
|---|---|
| 1. 목재조각 | 1. 목재조각 |
| 2. 자동차 운전 | 2. 자동차 운전 |
| 3. 상점 점원 | 3. 상점 점원 |
| 4. 경매 | 4. 경매 |
| 5. 보석 세공 | 5. 보석 세공 |
| 6. 헤어관리 등 이미용 | 6. 헤어관리 등 이미용 |
| 7. 수공 직조 | 7. 수공 직조 |
| 8. 펄프 및 매트 직조 | 8. 펄프 및 매트 직조 |
| 9. 종이 제조 | 9. 종이 제조 |
| 10. 칠 제품 제조 | 10. 칠 제품 제조 |
| 11. 태국 악기 생산 | 11. 태국 악기 생산 |
| 12. 흑금 제품 제조 | 12. 흑금 제품 제조 |
| 13. 금은 세공 | 13. 금은 세공 |
| 14. 구리 제품 제작 | 14. 구리 제품 제작 |
| 15. 태국 인형 제작 | 15. 태국 인형 제작 |
| 16. 발우 제작 | 16. 발우 제작 |
| 17. 수공 실크 제작 | 17. 수공 실크 제작 |
| 18. 부처 이미지 제작 | 18. 부처 이미지 제작 |
| 19. 우산 제작 | 19. 우산 제작 |
| 20. 중개 및 대리업 | 20. 중개 및 대리업 |
| 21. 수공 담배 제작 | 21. 수공 담배 제작 |
| 22. 법률 및 소송 서비스 | 22. 법률 및 소송 서비스 |
| 23. 서무 및 비서직 | 23. 서무 및 비서직 |
| 24. 수공 실크원사 직조 | 24. 수공 실크원사 직조 |
| 25. 태국 문자 조판 | 25. 태국 문자 조판 |
| 26. 노점상 | 26. 노점상 |
| 27. 관광 가이드 | 27. 관광 가이드 |
| 28. 비숙련 노동 | ~~28. 비숙련 노동~~ |
| 29. 농림축산수산업 | ~~29. 농림축산수산업~~ |
| 30. 건설업 | ~~30. 건설업~~ |
| 31. 회계감사 서비스 | ~~31. 회계감사 서비스~~ |
| 32. 매트리스 및 담요 제작 | ~~32. 매트리스 및 담요 제작~~ |
| 33. 도검류 제작 | ~~33. 도검류 제작~~ |
| 34. 신발 제작 | ~~34. 신발 제작~~ |
| 35. 모자 제작 | ~~35. 모자 제작~~ |
| 36. 도자기 제작 | ~~36. 도자기 제작~~ |
| 37. 의상 제작 | ~~37. 의상 제작~~ |
| 38. 건축 | ~~38. 건축~~ |
| 39. 토목공학(엔지니어링) | ~~39. 토목공학(엔지니어링)~~ |
| | 28. (추가) 타이 전통 마사지 |

* 외국인 고용제한 업종을 종래 39개에서 28개로 축소하는 외국인 고용 관련 노동부 행정명령이 2018년 7월 1일부터 시행되고 있다.

** 출처: 태국 투자청

■ 12개 업종에 대한 외국 근로자 취업 허용

- '비숙련 노동, 농림축산수산업, 건설업, 회계감사 서비스, 매트리스 및 담요 제작, 도검류 제작, 신발 제작, 모자 제작, 도자기 제작, 의상 제작, 건축, 엔지니어링' 등 12개 업종을 제한 업종에서 제외
- 다만 고용 전제 조건 부과
  - 비숙련 노동은 미얀마, 캄보디아, 라오스 등 MOU 체결국 근로자만 허용
  - 건축, 엔지니어링, 회계감사 등 3개 업종은 태국 정부 또는 관련 기관에서 공인한 자격증이 있는 경우에만 허용
  - 기타 업종도 영업주로서의 지위는 인정되지 않으며 태국 영업주 감독하에 피고용자로서만 취업 가능

■ 태국 전통 마사지를 제한 업종에 신규 추가

- 일부 불법 업소의 경우 상당수 주변국 근로자를 고용하고 있는 상황

## 3. 참고 주요 기관

### 노동부 고용국

내국인 고용 촉진, 외국인 고용 감독(노동허가증 발급, 갱신, 기재사항 변경), 외국 비정부기관 태국 내 사무소 승인을 한다.

- **주소** Department of Labor Building 1st Floor, Mitmaitri Rd., Din

Daeng, Din Daeng, Bangkok 10400 Thailand

- **전화** +66 2247-9423, +66 2248-4743, FAX: 0-2248-4743
- **홈페이지** www.doe.go.th

**태국 경찰청 출입국관리국** Immigration Bureau

이민국 홈페이지에서는 비자, 영주권과 관련하여 필요한 서류 목록, 이민, 비자 등과 관련된 각종 서류 양식을 제공한다.

- **주소** 507 Soi Suan Plu, Sathorn Tai Rd., Bangkok 10120 Thailand
- **전화** +66 2287 3101
- **홈페이지** www.immigration.go.th

**외국인 투자자 비자 및 노동허가** One Stop Service Center OSOS

외국인 투자자를 대상으로 비자 연장, 변경, 노동허가증 발급, 연장을 한다.

- **주소** 18th fl., ChamchuriSquare Bldg., 319Phayathai Rd., Pathumwam, Bangkok10330 Thailand
- **전화** +66 2209 1100
- **홈페이지** www.osos.boi.go.th

### 4. 태국 정부의 불법체류자 대응

태국은 관광이 주사업이기에 불법체류자에 대하여 심각하게 인식하고 있지 않으며, 불법체류자의 대부분이 관광객이고 고의적으로 불법체류를 하지 않아 국가 안전에 큰 위험이 없다고 생각한다. 이민국이 경찰 소속이어서 불법체류자 단속권이 경찰에게 있으나 경찰은 적극적으로 단속하지 않고 유명 관광지를 중심으로 관광객이 불법체류하지 않도록 홍보하는 정도이다.

다만 문제가 되는 것은 태국과 국경을 이루고 있는 후진 국가 라오스, 캄보디아, 미얀마인의 밀입국 불법노동자들로 현재까지 심각하지 않지만 체계적인 관리가 필요하다고 판단, 불법입국자의 지속적인 단속과 3D 업종에 필요한 만큼만 주기적으로 신고(등록)를 받아 '1년 체류증'을 발급하여 양성화시키고 있다.

국민의 불법체류자에 대한 인식은 불법체류 관광객에 대하여 기본적으로 이해관계가 없기 때문에 별다른 관심이 없으며, 주변 국가인 캄보디아, 라오스, 미얀마의 밀입국 불법체류자들이 저임금으로 가정부, 식당 종업원, 청소 등 태국인이 싫어하는 잡일을 하고 있어 이들에 대해서도 크게 거부감이 없다.

유명 관광지 15개 지역에 관광 경찰을 별도로 운영하고 있으며 방콕의 경우 외국인이 많이 운집하는 카오산, 피뽱, 수쿰윗, 실롬, 라차다 지역에 관할 경찰뿐 아니라 특별수사 경찰, 이민 경찰, 마약 경찰, 관광 경찰들이 집중적으로 활동하고 있다.

불법체류자가 검거되면 보고서와 함께 이민국 경찰에 송치하며 이민국은 불법체류 기간에 따라 벌금을 징수하고 해당 국가로 강제추방하며 벌금액을 내지 못하면 1일 200밧씩 계산하여 수용소에 유치한다. 벌금을 완납하거나 유치기간 만료 후 자국 송환경비를 납부하면 해당 대사관에 연락하여 추방절차에 따라 해당 국가로 강제 추방한다.

국가보훈처·독립기념관. 2006.『국외독립운동사적지 실태조사보고서: 동남아 지역』. 서울: 방형식 디자인.

김동엽. 2012. "필리핀 국제결혼 이주여성의 초국가적 행태에 관한 연구." 김홍구 외. 2012.『한국 속 동남아 현상: 인간과 문화의 이동』. 서울: 명인문화사: 195.

김영애. 2008. "1960-70년대 태국 사회 속의 한국인." 한국태국학회.『한·태 관계의 어제와 오늘』: 251-296.

김용섭. 2012. "한인태국선교역사." 주태 한인선교사회.『태국선교백서』. 치앙마이: 하베스트 프레스.

김인덕·김도형. 2008.『1920년대 이후 일본·동남아 지역 민족운동』. 천안: 경인문화사.

김종민. 2016.07.26. "월드옥타 방콕지회 아세안 차세대 통합 무역스쿨 개최."『교민잡지』480: 82-85.

김홍구 외. 2005.『한국 기업의 현지화 경영과 문화 적응』. 서울: 지식마당.

________. 2012.『한국 속 동남아 현상: 인간과 문화의 이동』. 서울: 명인 문화사: 27.

김홍구. 1999.『태국학 입문』. 부산: 부산외국어대학교출판부.

______. 2005. "태국의 한류 현상: 분석과 평가." 한국태국학회.『한국태국학회논총』제12권.

______. 2014. “재태한인의 특성과 태국에 대한 인식.” 한국동남아학회. 『동남아시아 연구』 24권 3호.
______. 2016. 『태국 문화의 즐거움』. 서울: 스토리하우스.
박병태. 2008. “한인동포 사회의 정착[1968-1979].” 『호주 한인 50년사』. 호주 한인 50년사 편찬위원회: 38-72.
朴現圭. 2014. “태국화상 許必濟의 고향 隆都 前埔村과 조선 표류에 관한 고찰.” 한국태국학회. 『한국태국학회논총』 21(1).
앤소니 기든스. 권기돈 옮김. 1997. 『현대성과 자아정체성: 후기 현대의 자아와 사회』. 새물결.
외교부. 2014. 『태국 개황』.
______. 2019. 『태국 개황』.
윤인진. 2013. 『세계의 한인 이주사』. 나남.
______. 2014.11. “재외한인의 연속적 이주와 동포 사회의 다원화.” 전남대학교 세계한상문화 연구단 국제학술회의: 215-233.
윤진표. 2008. “한·태 수교 50년의 회고와 전망.” 한국태국학회. 『한·태관계의 어제와 오늘』.
이문웅. 1987. 『동남아 한국교민 연구자료집』. 서울: 유네스코 한국위원회.
이민영. 2016. “‘헬(hell) 조선’ 탈출로서의 장기여행-인도의 한국인 장기여행자들을 중심으로.” 서울대학교 비교문화연구소. 『비교문화연구 』 22(2).
이윤경·윤인진. 2013.12. “왕징 코리아타운 내 조선족과 한국인간의 상호인식과 사회관계-다자적 동족집단모델의 도입.” 고려대학교 한국학연구소. 『한국학연구』 47: 321-345.
이재현. 2009.04.30. “한-아세안 관계개관: 발전과 현황.” 한-아세안 관계 현황과 전망 워크숍. 외교안보연구원 2층 국제회의실.
재태국 한인회 a. 2008. 『태국한인주소록』.
재태국 한인회 b. 2008. 『태국 한인60년史(1945~2008)』.
재태국 한인회 c. 2013. 『한인뉴스』 04/05/06/07/08/09/10.
정환승·빠릿인센. 2015. 『한국-태국 관계사』. 서울: 폴리테이아.
조흥국. 2008. “14세기 말 한국과 태국의 교류.” 한국태국학회. 『한·태관계의 어제와 오늘』.
채수홍. 2012. “베트남 거주 한국인의 초국적 경험:공장 매니저와 주재원을 중심으로.” 김홍구 외. 2012. 『한국 속 동남아 현상: 인간과 문화의 이동』. 서울: 명인문화사: 27.
______. 2017. “한인의 베트남 정착과 사회경제적 분화.” 2016 한국학 특정 분야 기획연구: 해외 한인 연구사업 1차년도 집필분.
최창성. 2017. 『우연이 운명이 되어』. 박경은 편. 서울: 지식과 감성.
티엔티다 탐짜른낏(Thamchareunkit Tientida). 2000. “태국에서의 한국어 교육 방법.” 『국어교육연구』 제6집. 서울대학교.
한국국제문화교류진흥원. 2018. 『2018 해외한류실태조사』.
한국무역투자공사. 2021. 「2021 국별진출전략, 태국」.
한국태국학회 편. 1998. 『태국의 이해』. 서울: 한국외국어대학교출판부.

**외국자료**

สุรางค์ศรี ตันเสียงสม. 2550(2007). *ความสัมพันธ์ระหว่างประเทศไทยกับสาธารณรัฐเกาหลี ค.ศ. 1949-1999.* กรุงเทพฯ: จุฬาลงกรณ์มหาวิทยาลัย.
Alonso, A. and Oiarzabal, P. 2010, “The immigrant worlds’ digital harbors: An introduction.” in *Diasporas in the new media age: Identity, politics, and community*, edited by Andoni Alonso and Pedro Oiarzabal, Reno, Nevada: University of Nevada Press.1–18.
Benson, Michaela, and Karen O’Reilly. 2009. “Migration and the Search for a Better Way of Life: A Critical Exploration of Lifestyle Migration.” *The Sociological Review* 57(4): 608-625.
Berry, J. W. 1987. “Finding Identity: Segregation, Integration, Assimilation, or Marginality?” Leo Driedger(ed.). *Ethnic Canada: Identities and Inequalities.* Toronto: Copp Clark Pitman: 223-239.
Bruneau, M. 2010. “Diasporas, Transnational Spaces and Communities.” Ch. 2 in Rainer Bauböck and Thomas Faist(eds.). *Diaspora and Transnationalism: Concepts, Theories and Methods.* Amsterdam University Press.

Castles, Stephen, and Mark J. Miller. 2003[2013]. *The Age of Migration*, New York: Palgrave Macmillan. 한국이민학회 옮김. 『이주의 시대』. 서울: 일조각.

Castles, Stephen. 2002. "Migration and Community Formation under Conditions of Globalization." *International Migration Review*. Vol. 36, No. 4.

Chan, B. 2005. "Imagining the homeland: The Internet and diasporic discourse of nationalism." *Journal of Communication Inquiry* 29(4): 336–38.

Department of Employment, Thailand. 2011. *Year Book of Employment Statistics 2011.*

Embree, John F. 1950. "Thailand-A Loosely Structured Social System." *American Anthropologist*. Volume 52, Issue 2: 182.

Fry, Gerald W and Nieminen, Gayla S and Smith, Harold E. 2013. *Historical Dictionary of Thailand*. UK: The Scarecrow Press Inc.

Glick Schiller, Nina. 1997. "The Situation of Transnational Studies." *Identities*. Vol. 4, No. 2: 155-166.

Hojeong Lee. 2017. "What Cultural Identity Do You Have? Korean Diasporic Community and News Consumption." *JOMEC Journal*. Cardiff University Press: 144-145.

Kearney, Michael. 1995. "The Local and the Global: The Anthropology of Globalization and Transnationalism." *Annual Review of Anthropology* 24: 547-565.

Kivisto, Peter. 2001. "Theorizing Transnational Immigration: A Critical Review of Current Efforts." *Ethnic and Racial Studies*. Vol. 24, No. 4:549-577.

KOREA - THAILAND COMMUNICATION CENTER. *The Bridges*. 2013년 3월호~2014년 10월호. Bangkok: KTCC.

Lee, Everett S. 1966. "A Theory of Migration." *Demography* 3(1).

Levitt, Peggy and B. Nadya Jaworsky. 2007. "Development and Future Trends." *Annual Review of Sociology*. Vol. 33.

London, Ellen. 2008. *Thailand Condensed: 2000 Years of History and Culture*. Singapore: Times Graphics Pte Ltd.

Mazzucato, V. 2000. "Transnational Networks and the Creation of Local Economies: Economic Principles and Institutions of Ghanaian Migrants at Home and Abroad." *Nederlandse Organisatie voor Wetenschappelijk Onderzoek,* grant number 410.13.010P.

Melkote, S. R., and Liu, D. Z. 2000. "The role of the Internet in forging a pluralistic integration: A study of Chinese intellectuals in the United States." *Gazette* 62: 495-504.

National Statistical Office, Thailand. 2010. *The 2010 Population and Housing Census.*

O'Reilly, Karen, and Michaela Benson. 2009. "Lifestyle Migration: Escaping to the Good Life." in M. Benson and K. O'Reilly, eds., *Lifestyle Migration: Expectations, Aspirations and Experiences.* Farnham; Ashgate Publishing Ltd: 1-13

*PANN-Hanasia.* 2016년 6월 5일.

Portes, A. 2007. "Migration, Development, and Segmented Assimilation: A Conceptual Review of the Evidence." *Annals of The American Academy of Political and Social Science* 631(1):73-97.

Portes, Alejandro, Luis E. Fuarnizo, and Patricia Landolt. 1999. "The Study of Transnationalism: Pitfalls and Promise of an Emergent Research Field." *Ethnic and Racial Studies.* Vol. 22, No. 2: 217-237.

Portes, Alejandro. 1997. "Immigration Theory for a New Century: Some Problems and Opportunities." *International Migration Review.* Vol. 31, No. 4: 799-825.

______________. 2003. "Conclusion: Theoretical Convergencies and Empirical Evidence in the Study of Immigrant Transnationalism." *International Migrant Review,* Vol. 37, No. 3: 874-892.

Rogers, A. 1967. "A Regression Analysis of interregional Migration in California." *Review of Economics and statistics* 49.

Vertovec, S., and R. Cohen. 1999. *Migration, Diasporas, and Transnationalism.* Edward Elgar.

Vertovec, Steven. 1999. "Conceiving and researching transnationalism." *Ethnic and Racial Studies*. vol. 22, No. 2.

**온라인 자료**

국사편찬위원회 한국사 데이터베이스 http://www.history.go.kr
네이버 지식백과 http://terms.naver.com
리젠트 방콕 국제학교 *http://www.regents.ac.th/1562/* (검색일: 2018.03.12.)
방콕 한국 국제학교 *http://kisbangkok.co.kr/44* (검색일: 2018.03.19.)
방콕 한인 토요학교 *http://cafe.daum.net/kssbangkok/YLxd/1* (검색일: 2018.03.19.)
세계한상네트워크 http://www.hansang.net
세계해외한인무역협회 http://www.okta.net
외교부(재외동포 정책 및 현황) http://www.mofa.go.kr
위키피디아 http://www.wikipedia.org/
재외동포재단 http://www.okf.or.kr
재외동포재단 세계한상대회 http://www.okf.or.kr/index.html
재태국 한인회 http://www.thaikorean.kr/ko/한인회비-납부자-내역 (검색일: 2018.03.19.)
주태국 대한민국대사관 *http://overseas.mofa.go.kr/th-ko/brd/m_3202/list.do* (검색일: 2018.03.19.)
한아시아 *http://www.hanasia.com/thai/thailand.php?mid=35* (검색일: 2018.03.18.)

# 찾아보기

**김홍구**
한국외국어대학교 태국어과를 졸업하고 같은 대학 대학원에서 정치학 석·박사학위를 받았다. 태국의 치앙마이대학교와 까쎗쌋대학교 객원교수로 근무했다. 부산외국어대학교 동남아창의융합학부 교수로 재직했으며, 한국동남아학회장, 한국태국학회장, 국제지역학회장, (사)한국동남아연구소장 등을 역임했다. 현재는 부산외국어대학교 총장이다. 저서로는 『태국문화의 즐거움』, 『태국 정치입문』, 『한국의 동남아시아연구』(공저), 『동남아불교사』(공저), 『문화로 배우는 타이어 강독』(공저), 『지역연구 방법론』(공역), 『아세안: 경제발전과 경제협력』(공역), 『동남아 정치변동의 동학』(공저), 『한국 기업의 현지화 경영과 문화 적응: 말레이시아, 태국, 필리핀』(공저), 『동아시아아의 한류』(공저), 『한국 속 동남아 현상』(공저) 등이 있으며, 주요 논문으로는 "한국의 태국 연구: 동향과 과제", "태국의 왕위계승연구: 쟁점과 전망", "태국 승가법과 국가권력", "재태한인의 특성과 태국에 대한 인식", "태국의 경제위기와 정치적 선택", "태국의 선거제도 변화와 정당체제" 등이 있다.

**동남아 한인 연구 총서 4**

**태국: 일시적 해외 거주를 넘어 공존의 디아스포라로**

1판 1쇄 찍음 2022년 5월 25일
1판 1쇄 펴냄 2022년 5월 31일

지은이 김홍구
펴낸이 정성원·심민규
펴낸곳 도서출판 눌민

출판등록 2013.2.28. 제25100-2017-000028호
주소 서울시 은평구 가좌로11가길 30, 301호(03439)
전화 (02) 332-2486 팩스 (02) 332-2487
이메일 nulminbooks@gmail.com
인스타그램·페이스북 nulminbooks



Printed in Seoul, Korea

ISBN 979-11-87750-59-8 94910
ISBN 979-11-87750-45-1 94910 (세트)

이 저서는 2016년 대한민국 교육부와 한국학중앙연구원(한국학진흥사업단)을 통해 해외한인연구사업의 지원을 받아 수행 중인 연구임(AKS-2016-SRK-1230004)